SUFFERING SCIENTISTS
BY NICK ARNOLD

Text Copyright © Nick Arnold, 2000
Illustrations Copyright © Tony De Saulles, 2000
Translation Copyright © Gimm-Young Publishers, Inc., 2001
All rights reserved.

This Korean edition is published by arrangement with Scholastic Ltd., London
through Eric Yang Agency, Seoul.

앗, 이렇게 재미있는 과학이!

과학자는 괴로워?

닉 아놀드 글 | 토니 드 솔스 그림 | 오숙은 옮김

주니어김영사

과학자는 괴로워?

1판 1쇄 인쇄 | 2001. 8. 17.
개정 1판 1쇄 발행 | 2019. 12. 5.
개정 1판 3쇄 발행 | 2023. 2. 27.

닉 아놀드 글 | 토니 드 솔스 그림 | 오숙은 옮김

발행처 김영사 | 발행인 고세규
등록번호 제 406-2003-036호 | 등록일자 1979. 5. 17.
주소 경기도 파주시 문발로 197(우 10881)
전화 마케팅부 031-955-3100 | 편집부 031-955-3113~20 | 팩스 031-955-3111

값은 표지에 있습니다.
ISBN 978-89-349-9876-1 74080
ISBN 978-89-349-9797-9 (세트)

좋은 독자가 좋은 책을 만듭니다. 김영사는 독자 여러분의 의견에 항상 귀 기울이고 있습니다.
전자우편 book@gimmyoung.com | 홈페이지 www.gimmyoungjr.com

이 책의 한국어판 저작권은 EYA(Eric Yang Agency)를 통한 Scholastic Limited사와의 독점
계약으로 ㈜김영사에 있습니다.
저작권법에 의해 한국 내에서 보호를 받는 저작물이므로 무단전재와 무단복제를 금합니다.

이 도서의 국립중앙도서관 출판시도서목록(CIP)은 서지정보유통지원시스템
홈페이지(http://seoji.nl.go.kr)와 국가자료공동목록시스템(http://www.nl.go.kr/kolisnet)에서
이용하실 수 있습니다. (CIP제어번호 : CIP2019032151)

어린이제품 안전특별법에 의한 표시사항

제품명 도서   제조년월일 2023년 2월 27일   제조사명 김영사   주소 10881 경기도 파주시 문발로 197
전화번호 031-955-3100   제조국명 대한민국   ⚠주의 책 모서리에 찍히거나 책장에 베이지 않게 조심하세요.

차례

책머리에	7
고생고생 옛날 과학자	9
고생스런 과학적 방법	37
고생고생 천문학자	59
고생고생 화학자	95
고생고생 생물학자	127
고생고생 물리학자	165
맺는 말	224

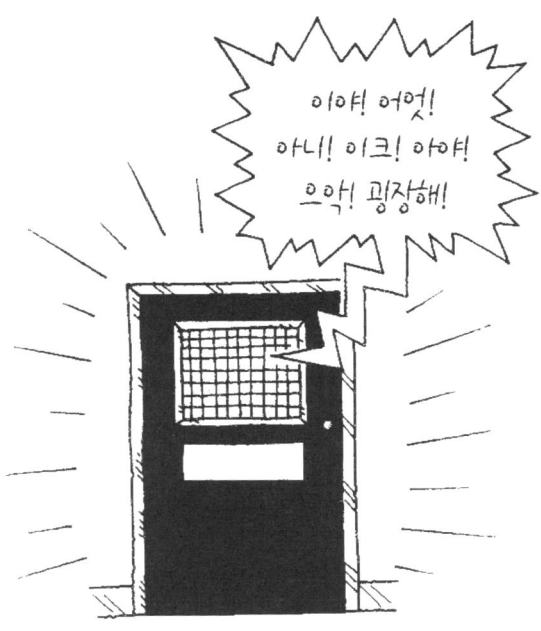

닉 아놀드(Nick Arnold)

 닉 아놀드는 어릴 때부터 이야기와 책을 써 왔지만, 『과학자는 괴로워?』를 써서 유명해지리라고는 생각도 못 했다. 그는 이 책을 쓰기 위해 과학자들을 만나고, 실험 가운을 입어 보고, 과학 실험까지 했다. 그는 이 모든 일을 기쁜 마음으로 기꺼이 했다

 닉 아놀드는 ≪앗, 이렇게 재미있는 과학이!≫ 시리즈에 몰두하지 않을 때에는 취미 생활로 피자먹기, 자전거타기, 촌스러운 농담 지어 내기 등을 하면서 지낸다(이 모든 걸 한꺼번에 하는 건 아니지만).

토니 드 솔스(Tony De Saulles)

 기저귀를 차고 다닐 때부터 크레용을 가지고 놀았던 토니 드 솔스는 그 후로 계속 그림을 끄적거리고 있다. 그는 ≪앗, 이렇게 재미있는 과학이!≫ 시리즈에 너무 진지하게 몰두한 나머지 실험 현장을 스케치하다가 폭발 사고까지 당했다. 다행히 지금은 완전히 나았다.

 스케치북을 들고 나갈 때가 아니면 시를 쓰거나 스쿼시를 즐긴다. 그러나 아직 스쿼시에 관한 시는 한 편도 쓰지 않았다.

책머리에

　미래의 어느 날, 어느 과학 시간. 지루하게 웅웅거리는 과학 선생님의 조용한 목소리를 들으면서 여러분은 졸음을 느끼기 시작한다. 교실은 아늑하고, 여러분은 어느 새 잠에 빠져든다. 그리고 자면서 꿈을 꾼다….
　여러분이 유명한 과학자가 되는 꿈을….

　그리고는 화들짝 놀라 잠을 깬다….

　그 꿈 때문에 여러분은 이런 생각을 하게 된다. 과학자가 된 다는 게 정말 가치 있는 일일까? 글쎄, 좋은 쪽을 보면 위대한 발견을 하는 짜릿함과 영예와 명성이 있겠지만….

안 좋은 쪽을 보면…

과학은 끔찍하다. 여러분이 과학 시간에 괴로워하는 만큼 과학자들도 과학 때문에 괴로워한다. 혹시 이런 이야기를 들어 봤는지? 목이 잘려 나간 과학자도 있었고, 자신이 발견한 화학 물질에 중독되어 죽은 과학자들이 있는가 하면, 화산 속에 뛰어든 과학자도 있었다는 걸…. 그런데도 여러분은 과학자가 되는 모험을 해야 할까? 그건 너무 위험한 일이 아닐까?

하긴, 어쩌면 마음의 결정을 내리기 전에 고생고생한 과학자들 이야기를 먼저 읽어야 할지도 모르겠다. 물론 여러분은 고리타분한 과학책은 읽고 싶지 않을 것이다. 그 책이 아무리 중요한 내용으로 가득 차 있다고 해도 말이다. 여러분에게 필요한 것은 과학에 관한 무서운 진실을 알려 줄 오싹한 사실로 가득 찬 끔찍한 과학책이다. 그런데 여러분은 이미 그러한 책을 한 권 알고 있는 것 같은데…. 벌써 읽고 있다고? 그러니 방해하지 말라고?

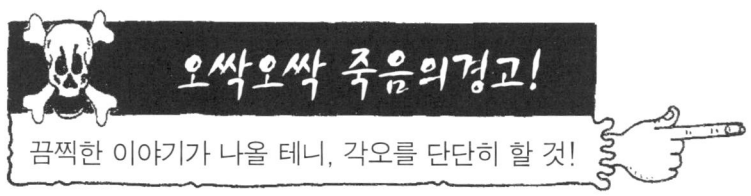

제 1 부

고생고생 옛날 과학자

과학은 이렇게 시작되었다

과학자가 될지 말지를 결정하기에 앞서 여러분은 과학이 무엇인지, 어디서 나왔는지 알 필요가 있다. 아니, 다 알고 있다고? 그럼, 누가 이렇게 묻는다고 하자.

여러분은 뭐라고 대답할까?

a) 도중에 꼭 잠들게 되는 지루한 수업

b) 쉬운 말을 할 줄 모르는 사람이 하얀 가운을 입고 하는 일

c) 시험관이나 꽃을 그리는 것과 관계가 있는 일

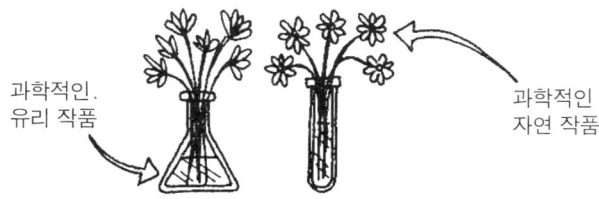

앞의 답 가운데 눈꼽만치라도 맞는 게 있다고 생각할지도 모르겠지만, 어느 것도 과학의 본질에 대해서 콕 찍어 말하지는 못했다. 혹시라도 a)나 b) 또는 c)라고 답했다면, 계속 읽어 보는 것이 좋겠다⋯.

진상 조사 X-파일 : 과학

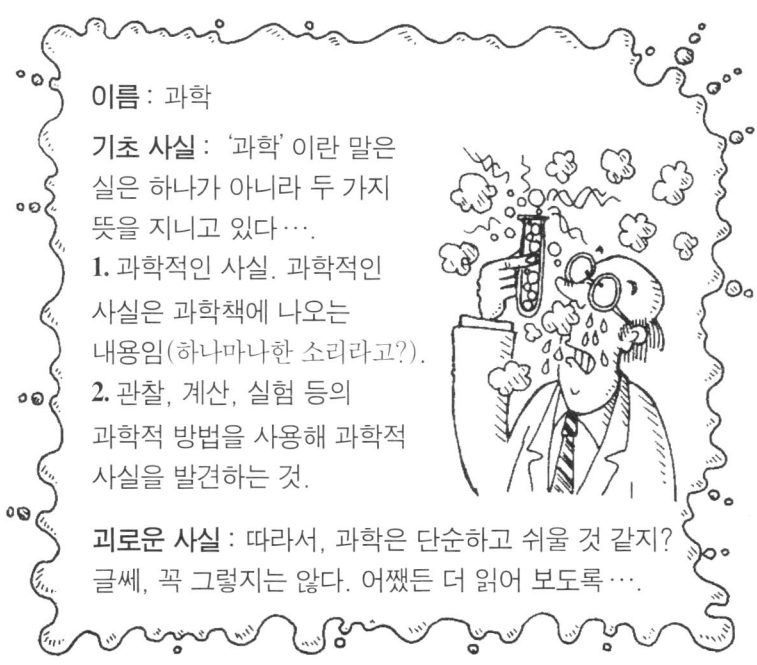

이름 : 과학

기초 사실 : '과학'이란 말은 실은 하나가 아니라 두 가지 뜻을 지니고 있다⋯.
1. 과학적인 사실. 과학적인 사실은 과학책에 나오는 내용임(하나마나한 소리라고?).
2. 관찰, 계산, 실험 등의 과학적 방법을 사용해 과학적 사실을 발견하는 것.

괴로운 사실 : 따라서, 과학은 단순하고 쉬울 것 같지? 글쎄, 꼭 그렇지는 않다. 어쨌든 더 읽어 보도록⋯.

여러분이 과학자라고 상상하고서, 화장실에 앉아 있는 동안 반짝이는 과학 아이디어가 떠올랐다고 해 보자⋯. 그러면 흥분하여 뒤도 안 닦고 뛰쳐나가고 싶겠지?

그렇다면 제발 참도록!

설마 과학자가 된다는 게 그렇게 쉽다고 생각하진 않겠지?

여러분의 위대한 아이디어가 진정 과학적인 사실이며, 그냥 헛방귀(미안! 다시 화장실 이야기를 해서)가 아니라는 걸 증명하기 위해서 여러분은 그 따분한 옛날의 과학적 방법들을 써야 한다.

그런 방법이란 게 뭐냐 하면….

● 끈질긴 관찰로 몇 년씩 세월 보내기.

● 여러분의 발견을 설명하는 공식을 내놓기 위해 엄청 복잡한 수학과 씨름하기.

● 끝이 안 보이는 실험 하기.

그리고 여러분은 스스로 고생했다고 생각하겠지….

과학자의 알쏭달쏭한 표현

도대체 가설이 어디에 붙어 있는 거지? 구급차를 불러야 할까?

> 답 : 아니, 가설(假設)이란, 아직은 확실하게 증명되지 않은 과학적 추측을 말하는 게 아닐까? 과학자들은 법칙을 발견하기 위해 많은 실험을 하는데, 실험하기 전에 예상을 하지. 과학자들은 예상을 해놓고 이론을 다듬기도 또 틀렸다 이제 알았지?

그런데 과학적 방법은 어떻게 생겨났을까? 분명히 과학자들이 아직 등장하지 않았던 시대가 있었을 것이다.

즐거운 생각

옛날 옛날, 아주 먼 옛날(여러분이 태어나기 2만 년쯤 전)엔 과학 같은 거라곤 없었다. 당연히 과학자도 실험도 없었고, 무엇보다 과학 시간이 없었다. 야호! 생각만 해도 기분 좋지?

그 옛날 사람들은 요즘 두 살배기 아이처럼 그저 주변의 일에 호기심을 갖고 있었을 뿐이다. 그리고 수많은 것을 발견했

다. 예를 들면, 불 같은 것 말이다. 초기 인류는 아마 화산에서 불을 얻었을 것이다. 그리고 불이야말로 몸을 따뜻하게 해 주고, 좀처럼 씹히지 않는 매머드 스테이크를 덜 질기게 해 주는 멋진 것임을 금방 깨달았다. 그 다음엔 막대기를 서로 비벼서 불을 만드는 방법도 알아 냈다. 물론 아직 과학적 방법이 등장하기 전이었으니까, 이런 발견들은 시행착오를 거쳐 이루어졌다. 앞으로 알게 되겠지만. 그럼, 구석기 시대의 평범한 가족의 모습을 한번 살펴보자.

고인돌 가족 이야기… 아주 반짝이는 아이디어

기원전 5000년경에 이르자, 중요한 사람들은 아주 의미심장한 의문을 품게 되었다. "우리는 어디에서 왔을까?" 하는 의문

이었다. 이건 후대의 과학자들도 알고 싶어했던 의문이었다. 중요한 사람들이란 바로 사제들이었다. 사제는 여러분 동네의 다정한 신부님과는 다르다. 옛날엔 세상 어디를 가나 사제들은 막강한 권력자였고, 왕에게 조언을 하며 신전에서 일했다.

아주 옛날의 사제

오늘날의 다정한 신부님

이들은 종종 신에게 동물을 제물로 바쳤다. 중앙 아메리카나 중동에서는 나라에 위기가 닥치면 사제들이 죄 없는 어린아이를 죽이는 일이 흔했다. 그러니 여러분 동네의 사제가 커다란 칼을 들고서 '어린 제물' 어쩌구 하며 돌아다닌다면, 교회 지붕을 고칠 기금을 모으려는 게 아니다. 사제들은 어린이를 죽이는 것이 신을 기쁘게 하는 방법이라고 생각했다. 이들은 신이 모든 것을 일으킨다고 믿었다. 번개도 물론이고….

그러나 그 옛날에도 조금은 현대 과학자들처럼 생각하는 사람들이 있었다. 기원전 2500년경 고대 이집트와 중동, 중국의

똑똑한 수학자들이 그런 사람들이었다. 이들에겐 한 가지 공통점이 있었다. 오직 하나뿐인 정답을 얻기 위해서 정확한 계산을 해야 했다는 것(이 사실은 수학 시험을 보는 어린이들한테는 정말 골치 아픈 문제일 수도 있다).

물론 과학자들 역시 계산을 한다.

처음으로 자연 현상을 신이 아닌 자연의 힘이란 관점에서 설명하려 했던 사람들은 고대 그리스인과 중국인이었다. 잠시 후면 그리스로 여행을 떠나겠지만, 그 전에 놀라운 발견들이 많이 이루어졌던 중국을 잠깐 들러 보자. 아쉬운 점은 세계 다른 곳에 사는 사람들은 그러한 이야기를 듣지도 못했다는 사실이다.

아, 여러분은 예외겠지. 계속 읽기만 한다면 말이다.

고생고생한 중국인

수백 년 동안 중국인은 유럽 사람들이 보면 입이 쩍 벌어질 놀라운 것들을 발견하고 있었다. 무엇보다도 고대 중국의 발명가들은 연(기원전 370년)과 외바퀴 손수레(서기 400년)를 내놓았다. 그러나 중국의 사상가와 발명가의 삶은 늘 순탄하지만은 않았으니, 그 내막은 이렇다….

중국 : 과학에는 불행한 소식

고대 시대부터 중국은 황제들이 다스리고 있었다. 이들은 자기 하고 싶은 대로 막강한 권력을 휘둘렀다. 전설에 따르면, 고대 중국에서 예기치 않게 일식(태양이 달 뒤로 숨는 것)이 일어난 적이 있었다. 황실 천문학자 두 사람이 미처 그 일식을 예측하지 못했던 것이다. 황제는 그들을 처형시켰다.

또, 진나라의 시황제(始皇帝 : 기원전 259~기원전 210 재위)는 옛날 책을 좋아하지 않았다. 기원전 212년, 그는 자기한테

불리하게 이용될 가능성이 있는 옛날 책들을 죄다 불태우기로 했다. 이 때문에 중국의 소중한 고대 과학 지식들이 불꽃 속으로 사라졌다. 아, 글쎄, 요즘 대통령들은 왜 그런 일을 안 하는지 모르겠다고?

그런데 중국의 학자들이 겪었던 어려움은 잔인한 황제뿐만이 아니었다.
- 중국은 워낙 넓었기 때문에 사상은 소수의 학자들에게만 알려졌을 뿐, 널리 퍼지지 못했다.
- 유럽에서 중국까지 여행하기는 매우 힘들었다. 베이징까지 비행기를 타고 날아갈 수가 없었으니까. 몇 달 이상 냄새 나는 낙타를 타고 도적이 들끓는 사막과 산을 지나야 했다. 그래서 발견에 관한 소식이 중국과 유럽 사이에 전달되기가 매우 어려웠다.

● 중국 역사를 쓴 사관들은 보잘것 없는 발견자들의 이름보다는 황제의 빛나는 업적을 기록하는 데 더 열심이었다. 그래서 많은 훌륭한 중국인들이 잊혀지고 말았다. 빈대를 없애기 위해 연기 피우는 방법을 고안한 사람(기원전 600년, 연신 기침을 해 댔겠지), 도자기를 만든 사람(서기 700년경, 정말 쨍 소리 나는 발견이다), 누에를 키워 비단을 만든 사람(기원전 2600년경, 비단 장수 왕 서방이 아닐까?) 등등 위대한 발명가들이 있었지만, 아무도 그 이름을 모른다.

선생님을 골려 주는 질문

a) 1922년
b) 1743년
c) 기원전 1세기

답 : c) 중국인들은 대나무 끝에 주철 송곳을 단 굴착기를 만들어서 하루에 2.54 cm씩 아주 느린 속도로 바위를 뚫었고(실은 긁어 낸 거지!), 그렇게 해서 지하 1400 m까지 파고 들어갔다. 소금을 얻을 수 있는 염수를 찾기 위해서였다. 그러다가 가끔 가스를 발견하면, 그것으로 염수를 끓여 물을 증발시키고 소금을 얻었다.

독창적인 장형

아쉽게도 그러한 독창적인 기술을 발견한 사람들의 이름은 전해지지 않는다. 그러나 지금까지도 기억되고 있는 중국의 위대한 과학자가 있다. 이름하여 천문학자 장형(張衡 : 78~139)!

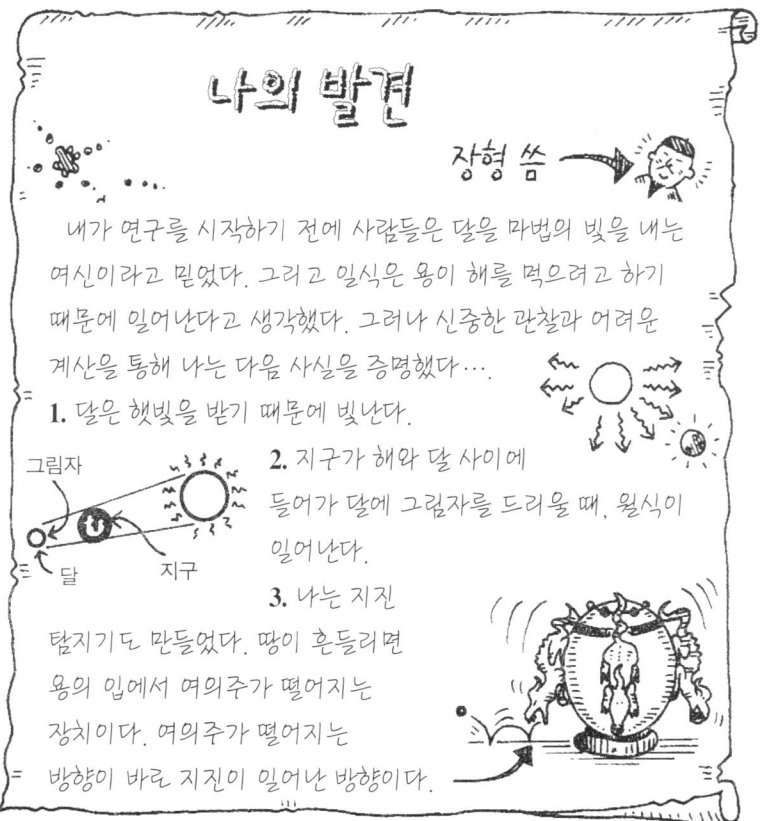

나의 발견

장형 쓺

내가 연구를 시작하기 전에 사람들은 달을 마법의 빛을 내는 여신이라고 믿었다. 그리고 일식은 용이 해를 먹으려고 하기 때문에 일어난다고 생각했다. 그러나 신중한 관찰과 어려운 계산을 통해 나는 다음 사실을 증명했다….

1. 달은 햇빛을 받기 때문에 빛난다.

2. 지구가 해와 달 사이에 들어가 달에 그림자를 드리울 때, 월식이 일어난다.

3. 나는 지진 탐지기도 만들었다. 땅이 흔들리면 용의 입에서 여의주가 떨어지는 장치이다. 여의주가 떨어지는 방향이 바로 지진이 일어난 방향이다.

★ 요건 몰랐을걸!

중국의 대표적인 발명품 중 하나는 화약이다. 화약은 서기 250년경에 발명된 것으로 보이며, 불꽃놀이나 적군의 말을 겁주기 위한 무기로 쓰였다. 그런데 정말 놀라운 사실은 이 깜짝 발명품을 만든 사람이 누군지 모른다는 것. 혹시 이 발명품에 날아가 버린 건 아닐까?

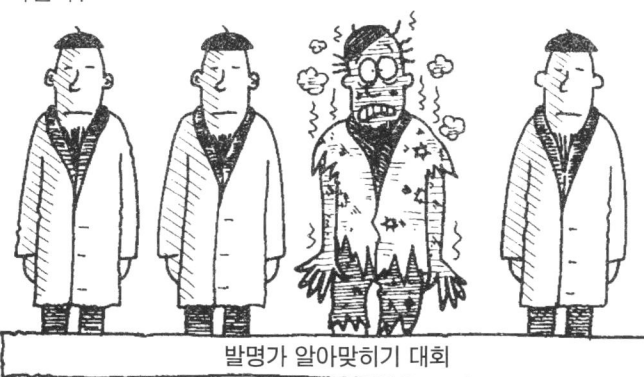

발명가 알아맞히기 대회

한편, 유럽에서는 훗날 달에 로켓을 쏘아 올리고, 냉동 생선 튀김의 발명을 낳게 될, 전혀 다른 종류의 과학 전통이 뿌리를 내리고 있었다. 이 전통을 만든 사람은 다소 신비스러운 면이 있는 천재였다. 누군지 궁금하다고?

그건 계속 읽어 보면 나온다….

탁월한 탈레스

고대 그리스인은 참으로 부산하고 꾀도 많은 사고뭉치 민족이었다. 머리를 짜내는 데 수선스러웠다고 할까? 이들은 철학자이자 작가이자 초기 과학자였으며, 무엇이 세계를 움직이는지 설명해 줄 새로운 이론을 생각해 내느라 바빴다. 그 중에서도 탁월한 사람이 있었으니, 그는 바로 밀레토스의 탈레스였다. 그는 오늘날 터키에 속하는 그리스의 한 도시에 살았다.

명예의 전당 : 탈레스(Thales : 기원전 625~기원전 547)
국적 : 그리스

탈레스는 종교적인 설명에서 벗어나 현대 과학자들처럼 자연적인 원인과 결과로써 세계를 설명한 최초의 사람으로 알려져 있다. 어느 날, 탈레스는 호박(식물이 아니라, 나무의 진이 굳어 만들어진 광물)덩어리  를 문지르면, 사물을 끌어당기는 신비스러운 힘이 나타난다는 사실을 발견했다. 요즘 말로는 정전기라고 한다. 어쩌다 이 호박을 건드리기라도 하면, 전기 충격을 받을 수도 있었다.

그런 충격을 처음 받은 사람이 탈레스인지는 알 수 없다. 그러나 그러한 현상은 신성한 힘 때문이 아니라 자연적 원인 때문

에 일어난다고 믿었던 최초의 사람인 것은 분명하다.

탈레스는 아주 바쁜 사람이었던 모양이다.
- 한 이야기에 따르면 그는 이집트를 찾아가 그 곳 사제들한테서 기하학을 배웠다고 한다(기하학이란, 도형을 다루는 수학이다). 그는 또 그리스인들에게 처음으로 기하학을 가르친 장본인이다. 그리스인들은 참 운도 없지! 그뿐만이 아니다. 탈레스는 또….
- 정치가로서 지방 의회를 세우는 것에 관해 조언을 했다.
- 상인으로서 과학 지식을 이용해 돈을 벌었다. 자철석(자기를 띤 암석으로 북쪽을 가리킴)을 사용해 배의 항로도 찾았다.

★ 요건 몰랐을걸!

또 다른 이야기에는 탈레스의 과학적 관심은 이웃들의 놀림감이 되었다고 한다. 그러나 탈레스는 자신의 지식을 이용해 올리브의 풍작을 예측했다. 그리고 올리브유를 만드는 압착기를 죄다 사들여 엄청난 돈을 벌었다고 한다.

중대한 실수

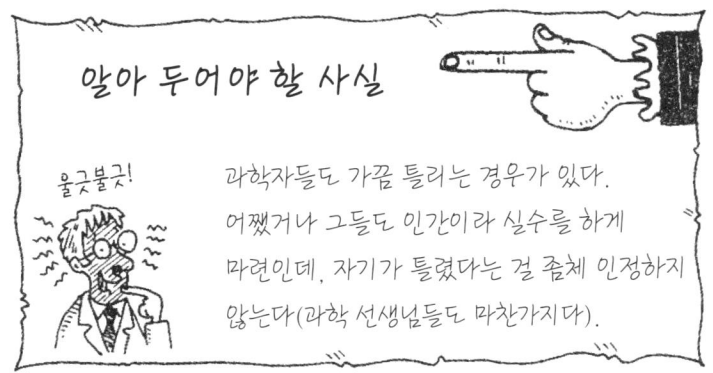

그러나 여러분은 이 책에 나온 과학자들의 중대한 실수에 관한 이야기만큼은 믿어도 된다. 먼저 탈레스가 저지른 가장 큰 실수를 살펴보자.

탈레스는 지구가 물 위에 떠 있다고 생각했다. 그리고 그 물이 출렁일 때, 지진이 일어난다고 했다.

물론 틀린 생각이다. 그렇다고 아주 틀린 건 아니다. 오늘날 과학자들의 말로는, 우리가 걸어다니는 땅은 녹아 있는 암석층인 맨틀 위에 둥둥 떠다니고 있다고 하니까 말이다. 그러나 적어도 탈레스는 자연 현상을 논리적으로 설명하려고 애썼다.

그 밖의 고생한 그리스 인들

고대 그리스에는 돈도 많고 배운 것도 많은 사람들이 많았다. 그들은 아무 일도 하지 않고, 포도 껍질을 까 주거나 발톱을 깎아 주는 노예들을 부리며 살았다. 여러분한테도 노예가 있다면 정말 좋겠지? 여러분 대신 학교에 보낼 수 있잖아. 어쨌든, 할 일이 없던 이들 고대 그리스인 가운데 똑똑한 사람들은 남는 시간에 새로운 것들을 생각했다. 그리고 몇몇 사람은 과학적 사고를 하게 되었는데….

데모크리토스(Demokritos, 기원전 460?~기원전 380?)는 우주에서 가장 작은 물질이 원자라고 주장했다. 그러나 그는 원자가 존재한다는 것을 보여 주기 위한 실험은 전혀 하지 않았다. 그는 그저 물질을 계속 쪼개 나가다 보면 더 이상 쪼갤 수 없는 아주 작은 알갱이가 나올 것이라고 생각했을 뿐이다.

진상 조사 X-파일 : 원자

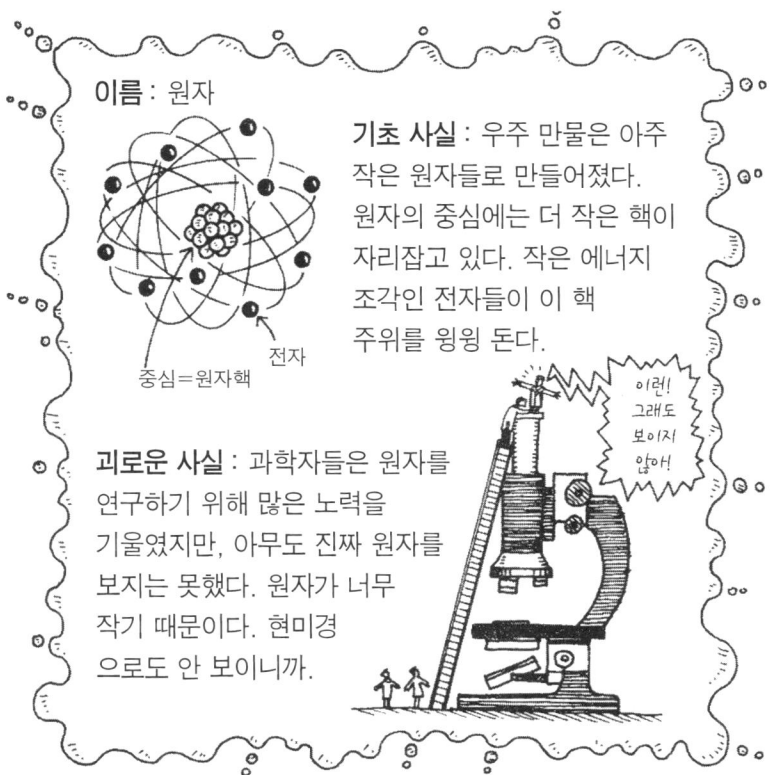

에라토스테네스(Eratosthenes; 기원전 276~기원전 194)는 알렉산드리아의 도서관 사서였다. 그가 남긴 가장 큰 업적은 지구의 크기를 계산한 것이다. 그는 서로 다른 두 장소에서 정오에 태양의 고도를 측정했다. 그런데 지구가 둥글기 때문에 두 장소에서 잰 고도에 차이가 나타났다. 에라토스테네스는 알렉산드리아에서 시에네까지의 거리를 측정하기 위해 노예를 시켜 그 먼 거리(820 km)를 걸으면서 몇 발자국인지 세게 했다. 그리고 수학으로 지구의 둘레를 계산해 냈다. 에라토스테네스는 영원한 명성을 얻었지만, 그 노예는 지독한 물집을 얻었겠지?

꽤 괜찮은 방법이지? 그러나 가엾게도 에라토스테네스는 늘그막에 눈이 멀어서 비참하게 살다가 스스로 목숨을 끊었다.

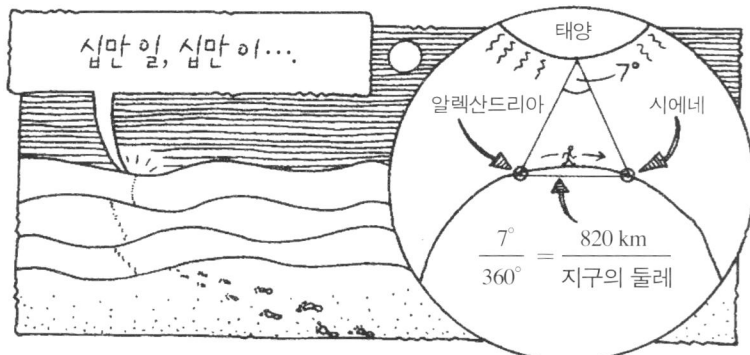

아르키메데스(Archimedes : 기원전 287~기원전 212)는 팔방미인 만능 천재로 도르래를 발명했으며, 나선 양수기를 이용해 물을 퍼올리는 방법을 고안했다.

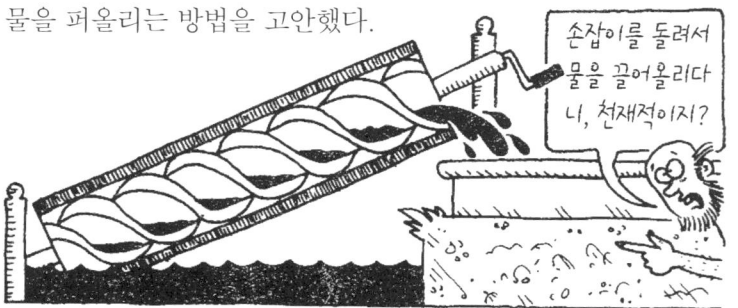

그러나 아르키메데스의 가장 큰 업적은 부력의 원리를 발견한 것이다. 이것은 물 속에 잠긴 물체를 물이 밀어 내는 힘이 그 물체 때문에 넘쳐 흐른 물의 무게와 같다는 원리이다.

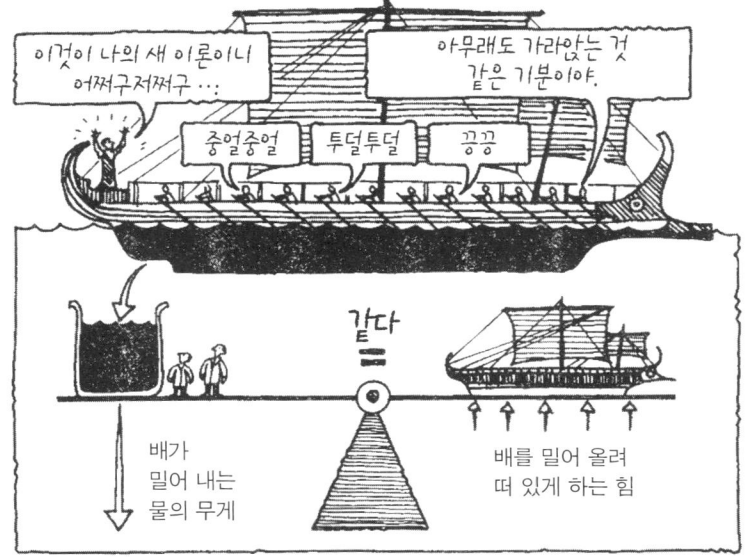

그는 목욕을 하다가 이 원리를 발견했다고 하는데, 과연 그 이야기가 사실인지는 알 수 없다. 불쌍한 아르키메데스는 기원전 212년, 그가 살던 시라쿠사가 로마 군에게 점령당하면서 화를 당했다. 아르키메데스는 한 로마 군인과 사소한 말다툼을 벌이다가 결국 끽소리 못 하게 되었다. 그 군인의 칼날에.

엠페도클레스(Empedocles : 기원전 490?~기원전 430?)는 많은 것에 관심이 있었다. 정치학, 의학뿐만 아니라 예언까지도 (그는 점을 쳐 주고 복채를 요구했다).

그가 과학에 남긴 업적으로 가장 유명한 것은 만물이 흙, 공기, 불, 물의 4원소로 이루어졌다는 주장이다. 이 말도 안 되는 소리를 과학자들은 2000년 동안이나 신주 모시듯 믿었다. 그러나 그를 더욱 유명하게 만든 건 그가 죽은 방법이었다.

기원전 430년

그리스 헤럴드

맛이 간 어느 과학자의 화끈한 최후

본지 특파원 바리아파토스 기자

유명한 철학자인 엠페도클레스가 사망했다. 그는 시칠리아의 에트나 화산 속에서 최후를 마쳤다. 약간 맛이 간 이 과학자는 신이 되기 위해서 불을 뿜는 분화구 속으로 뛰어들었다.

향년 60세인 엠페도클레스는 스스로를 세상에 영원히 기억될 가장 위대한 철학자라고 말하는가 하면, 화산에 뛰어들면 신이 될 수 있다는 둥 가끔씩 이상한 발언과 행동을 했다. 놀라움을 금치 못한 한 추종자는 이 위인에게 다음과 같은 헌사를 바쳤다.

깜짝 놀란 추종자

"고 엠페도클레스 선생님은 흙, 공기, 불, 물의 혼합체였으나, 지금은 거의 재로 변하고 말았습니다. 그분은 신이 되길 원했으나 신이 되지는 못했고, 그 명성도 연기와 함께 흩어졌습니다. 그러나 고인은 진정 용암, 아니 용감하신 분이었습니다."

구경꾼에 따르면 고기 굽는 냄새가 났다고 함.

장렬한 최후를 맞이한 고대 그리스의 과학자는 엠페도클레스말고도 또 있었다….

죽음을 부른 비밀

기원전 405년, 시라쿠사.

무시무시한 고함 소리가 궁전에 울려 퍼졌다. 경비병들이 우르르 달려왔고, 겁을 먹은 여자 노예들은 구석진 곳으로 숨었다. 바깥에서 십대 노예 소년 하나가 거친 헝겊 조각으로 눈썹을 닦았다.

"정말 끔찍했어요. 무서워요!" 소년이 울부짖었다.

"알렉산드로스, 무슨 일이냐?" 늙은 문지기가 걱정스레 물었다.

"끔찍해요. 토할 것 같아요!" 어린 소년은 숨이 차는 듯 기둥에 기대어 섰다. 새파랗게 질린 그 얼굴은 땀에 젖어 있었다. 노인이 소년의 어깨를 흔들었다.

"뭐가 끔찍하냐고? 대체 무슨 일인데?"

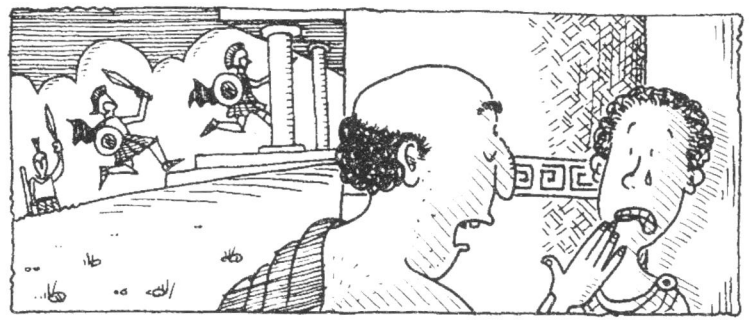

알렉산드로스는 깊게 숨을 들이쉬었다.

"그 스파르타 여자 말예요, 티미카요. 왜, 디오니시오스 왕이 그 여자를 사로잡았잖아요?"

노인이 고개를 끄덕였다. "그 여자도 크로톤의 그 괴상한 공동체 소속이었지? 수학자 피타고라스가 만든 단체인데, 마을 사람들한테 배신당해 다들 목이 잘렸지."

소년은 노인을 쏘아보며 거칠게 대꾸했다. "라이산데르 아저씨, 그런 얘긴 그만 하세요. 그런 끔찍한 일은 오늘 본 것만으로도 충분해요!"

"대체 무슨 일인데 그래?"

"왕이 그 여자한테 그 공동체에서 발견한 비밀을 모두 말하라고 명령했어요. 과학, 화살을 날아가게 하는 힘, 우리 몸이 어떻게 작용하는지 하는 모든 것을요."

"그래, 젊은 디오니시오스 왕이라면 그만한 힘이 있을 테지, 그렇고말고."

"그런데 실은 왕은 쉽게 대답을 듣지 못했어요. 그래서 큰 돈을 주겠다고까지 제의했어요."

"그럼 비밀을 말했겠군? 나라면 그러겠다." 노인이 킬킬거렸다.

"아뇨. 그 여자는 기가 살아서 주먹까지 휘두르며 소리치던걸요. 과학의 비밀은 파는 게 아니라고."

"파는 게 아니면 뭔데?"

"저도 몰라요." 소년이 말끝을 흐렸다. "왕의 고문 두 사람이 하는 이야길 들었는데, 그 비밀은 수에 관한 것이고, 아마 우주를 다스리는 이치일 거래요. 또, 그 여자는 부러진 뼈를 고치고 붙여서 낫게 하는 신통한 비법들도 알고 있대요."

노인은 안됐다는 듯 고개를 저었다.

"저런… 그 때부터 일이 고약하게 된 거로구먼."

소년이 몸서리를 쳤다.

"그래요. 과학자라고 다 머리가 좋은 건 아닌가 봐요. 아저씨 같은 사람도 왕의 말을 거역하면 어떻게 되는지 아는데. 왕이 겁을 주려고 고문의 종류를 하나하나 읊어 나가자, 그 여자는…."

그 다음에 어떤 일이 일어났을까?

a) 그 여자는 두렵지 않다는 걸 보여 주기 위해 자기 발톱을 깨물었다.
b) 꿈쩍도 않는다는 걸 보여 주려고 새끼손가락을 잘랐다.
c) 절대 말하지 않겠다는 뜻으로 자기 혀를 깨물고는 그 끔찍한 것을 왕에게 뱉었다.

답 : c) 이 용감한 여성의 고사한 행동은 독재자들이 사람들의 입을 막지는 못한다는 걸 보여 줍니다.

따분한 역사학자의 말참견

이건 아마 전설일 겁니다. 하지만, 과학자 공동체가 실제로 이탈리아 크로톤에 있긴 했어요. 그 단체는 지역 주민들에 의해 파괴되었죠. 수학자 피타고라스가 기원전 530년에 이 단체를 만들었는데, 그들은 과학 이론을 발전시키고 (전해지지는 않지만) 환자들을 치료했어요. 이들에겐 발견한 것들을 비밀로 해야 한다는 엄격한 규칙이 있었다고 해요.

그런데 자신의 생각을 비밀로 하지 않은 과학자가 있었다. 그는 똑똑한 의사의 아들로, 나중에 왕의 가정 교사가 되었다. 그의 주장은 종종 틀리기도 했지만, 그는 1800년 동안 세계에서 가장 유명한 과학자로 존경받았다.

혹시 그 사람이 누군지 짐작이 가는 사람?

아리쏭한 아리스토텔레스

유명인이 된다고 상상해 보라. 여러분은 텔레비전에 출연하고, 백화점 개장 리본을 자르고, 고급 호텔에 묵을 수 있다. 여러분 집 주변은 사인해 달라고 애원하는 사람들로 북적댈 테지?

이제 등장하게 될 그 과학자가 지금까지 살아 있다면, 그도 이 정도로 유명했을 것이다. 아니, 2400년이나 산 것으로 유명했을 거라는 이야기가 아니다. 그는 과학을 개척한 공로와 베스트셀러 작가로 명성을 날렸을 것이다.

명예의 전당 : 아리스토텔레스(Aristoteles ; 기원전 384~기원전 322) 국적 : 그리스

아리스토텔레스는 어렸을 때 부모를 여의었다. 부모 없이 자라다 보니, 그는 비행 청소년이 되어 난장판 파티를 벌이며 재산을 탕진했다.

그러나 17세가 되었을 때, 아리스토텔레스는 마음을 고쳐 먹었다. 그는 아테네로 가서 플라톤(Platon) 밑에서 공부했다. 이 곳의 수업은 느긋하고 편하게 진행되었고, 학생 스스로 답을 찾

도록 격려해 주었다. 여러분 학교도 그랬으면 좋겠지?

아리스토텔레스는 이 학교가 마음에 들었는지 이 곳에서 선생님이 되어 20년이나 머물렀다. 마침내 플라톤이 죽고 그 조카가 학교를 넘겨받았다. 이 조카는 수학에 심취해 있었는데, 아리스토텔레스는 수학을 싫어했다(누가 그를 탓하랴!). 그래서 터키로 여행을 떠나 지방 통치자들에게 정치 문제나 자연 탐구에 관해 조언을 하며 지냈다. 그러다가 기원전 343년에 마케도니아에서 훗날 알렉산드로스(Alexandros : 기원전 356~기원전 323) 대제가 될 젊은이의 스승으로 초청받았다.

생생한 생물학, 무리한 물리학, 천만에 천문학

아리스토텔레스는 모든 것에 관심이 있었다(물론 수학은 빼고). 그는 자연과 자연적인 힘에 관해 많은 책을 썼고, 그러면서 생물학과 물리학을 창시했다. 여러분이 고생하는 게 다 누구 탓인지 이제 알겠지?

아리스토텔레스는 생물학에 뛰어났다. 그는 500여 종의 생물에 관해 글을 썼으며, 50종은 직접 해부하여 어떻게 생겼는지 확인까지 했다. 돌고래는 젖을 먹여 새끼를 키우고 아가미가 없으므로 어류가 아니라는 사실까지 알아 냈다. 그는 처음으로 부화 중인 달걀을 잘라 보고, 태어나지도 않은 그 징그러운 병아리가 알에서 깨기까지의 과정을 그렸다. 여러분은 그럴 수 있을까? 아니면, 꽁지 빠지게 도망을 갈까?

그러나 아리스토텔레스는 물리학이나 천문학에는 별로였다. 사실, 그 시대에는 그의 이론이 이치에 맞게 보였겠지만, 지금 와서는 그의 주장이 대부분 틀렸다는 게 밝혀졌다. 여기서 틀렸다고 하는 건 그냥 틀린 정도가 아니라, 가끔은 완전히 정반대였다는 이야기다. 그러나 그의 이론은 많은 것에 대해 납득할 만한 설명을 제시했다는 점에서 큰 발전이었다고 할 수 있다. 예를 들어 아리스토텔레스는 이렇게 말했는데….

오싹오싹 죽음의 경고!

여러분이 앞으로 읽게 될 과학적 '사실'은 모두 틀린 것이다. 그저 약간 부정확하다거나 반만 틀린 게 아니다. 진짜진짜 엉터리에 허튼 소리, 대충 지어 낸 말, 말도 안 되는 억지이다. 그러니 다음 부분을 과학 숙제로 베껴 가는 것은 '내가 네 밥이야' 라고 쓴 팻말을 들고 사자 굴에 들어가는 것만큼 똑똑한 짓이다.
이미 우리는 고리타분한 어느 과학자한테 틀린 부분을 바로잡아 달라고 부탁한 적이 있었다.

고리타분한 과학자

아리스토텔레스가 쓴 물리학

🅖 무거운 물체는 가벼운 물체보다 항상 빨리 떨어진다. 화살이 땅으로 떨어질 때에는 항상 직선을 그린다.

틀렸다 — 두 가지 다.
(못 믿겠거든 77~78쪽을 볼 것)

🅖 원자는 존재하지 않는다.

틀렸다 — 모든 것은 원자로 이루어져 있다.

🅖 모든 것은 흙, 공기, 불, 물로 이루어져 있다.

틀렸다 — 과학자들은 만물이 원자들의 결합으로 이루어져 있음을 밝혀 냈다. 아리스토텔레스가 존재하지 않는다고 믿었던 원자들로 말이다. 그런데 어디서 많이 듣던 소리 같다고? 그건 그가 엠페도클레스의 이론을 베꼈기 때문이지!

아리스토텔레스가 쓴 천문학

🅖 달은 표면이 완전히 매끈매끈한 구이다.

틀렸다 — 쌍안경으로 달을 본다면 이 말이 틀렸음을 알게 될 것이다(하기야 쌍안경은 1890년대에 가서야 발명되었으니까. 이것만으로 아리스토텔레스를 탓할 수는 없겠지).

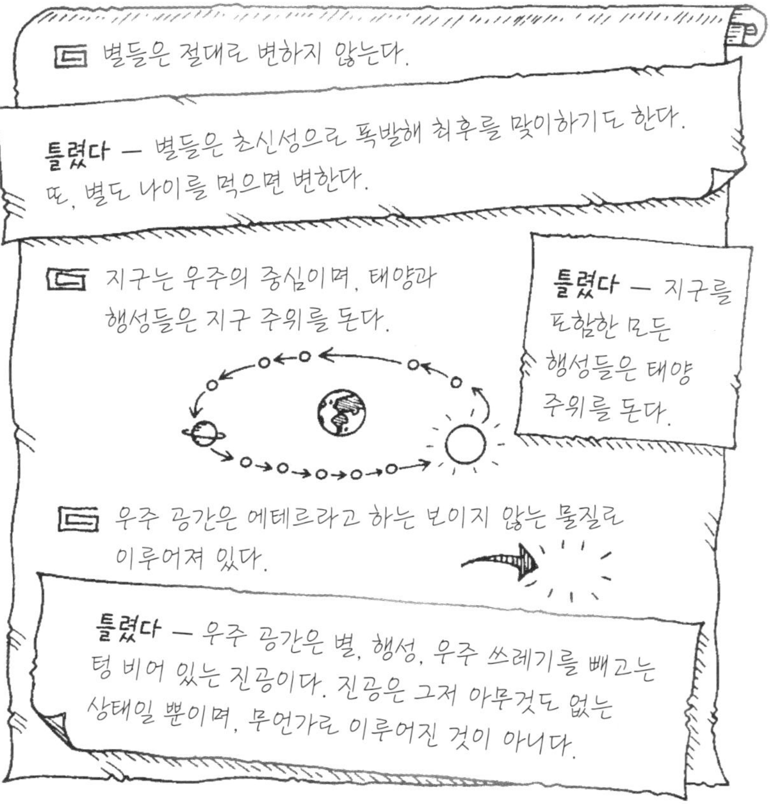

📋 별들은 절대로 변하지 않는다.

틀렸다 — 별들은 초신성으로 폭발해 최후를 맞이하기도 한다. 또, 별도 나이를 먹으면 변한다.

📋 지구는 우주의 중심이며, 태양과 행성들은 지구 주위를 돈다.

틀렸다 — 지구를 포함한 모든 행성들은 태양 주위를 돈다.

📋 우주 공간은 에테르라고 하는 보이지 않는 물질로 이루어져 있다.

틀렸다 — 우주 공간은 별, 행성, 우주 쓰레기를 빼고는 텅 비어 있는 진공이다. 진공은 그저 아무것도 없는 상태일 뿐이며, 무언가로 이루어진 것이 아니다.

속이 썩는 기분

아리스토텔레스는 지독한 소화 불량으로 매우 고통스럽게 죽었다. 이 불행한 사건은 과학이 사람 속까지 고생시킬 수도 있음을 증명해 준다. 여러분이 과학자라면 아리스토텔레스처럼 답이 틀린 것으로 밝혀지는 것보다 더 고통스러운 사실이 한 가지 있다. 그것은 바로 여러분이 하고 있는 일의 방법이 잘못되었을 경우이다. 이것은 고생하는 과학자들에게 재앙을 가져다 줄 수도 있다. 배짱이 있다면 계속 읽도록!

제 2 부
고생스런 과학적 방법

과학 체계의 정리

 과학자들이 실험이나 관찰을 통해 가설을 신중하게 검증한다는 건 다들 알지? 그런데 이런 식의 과학적 방법은 저절로 만들어진 것이 아니다. 과학에 종사하는 사람들은 이런 방법이 최선의 방법이라는 걸 우선 깨달아야 했다. 그런데 그런 일은 거의 일어나지 않았다.

 아리스토텔레스는 위대한 철학자였다. 그러나 유명한 것이 도가 지나쳐 사람들은 그의 말이라면 하느님의 말씀처럼 받들었다. 과학으로선 불행이었지만, 아리스토텔레스는 직접 돌고래나 달걀을 관찰하여 큰 성과를 거두었으면서도, 그것이 과학적 발견을 위한 최선의 방법이라고 생각하지 않았다. 대신, 전문가들끼리 문제를 의논해서 풀고, 여러분이나 나 같은 사람들은 싫든 좋든 전문가들의 의견을 따라야 한다고 믿었다.

 그렇다! 바로 여러분의 학교에서처럼.

 서양에서는 2000여 년 동안 지배층과 교회는 아리스토텔레스를 여러 분야의 최고 전문가라고 여겼다. 그러니까 틀린 소리라도 아리스토텔레스가 한 말은 진리로 간주되었다. 위대한 철학자들조차도 문제를 해결하는 최선의 길은 사물을 직접 관찰하거나 실험을 하는 게 아니라, 아리스토텔레스 같은 전문가가 쓴 책을 읽는 것이라고 믿었다.

사정이 나아지기 시작한 건 1600년경이 되어서였다. 사람들은 새로운 발견을 통해 아리스토텔레스가 틀렸음을 차차 알게 되었다. 그러나 세계를 새로운 눈으로 봐야 한다는 생각은 과학자가 아니라 법률가에게 나왔다. 꽁꽁 언 닭에 호기심이 많았던 한 똑똑한 법률가한테서.

이 모든 것이 누구 덕분인가 하면….

별난 천재 베이컨과 과학적 과학

프랜시스 베이컨(Francis Bacon : 1561~1626)은 본래 과학자가 아니라 법률가였다. 그는 아주 뛰어난 법률가여서 엘리자베스 1세와 제임스 1세의 두 왕 밑에서 일했다.

1621년, 베이컨은 대법관이 되었다. 대법관은 영국 법조계 최고의 자리였다. 그러나 5일 후 그는 뇌물을 받은 죄로 파면

당했다. 베이컨의 경력에는 오점이었지만, 과학에는 아주 다행한 일이었다.

이제 시간이 많아진 베이컨은 세계에 관한 지식은 논쟁이나 아리스토텔레스 같은 전문가의 말에 의존해선 안 된다고 주장하는 책을 썼다. 법률가 베이컨은 대신에 이렇게 말했다 ….

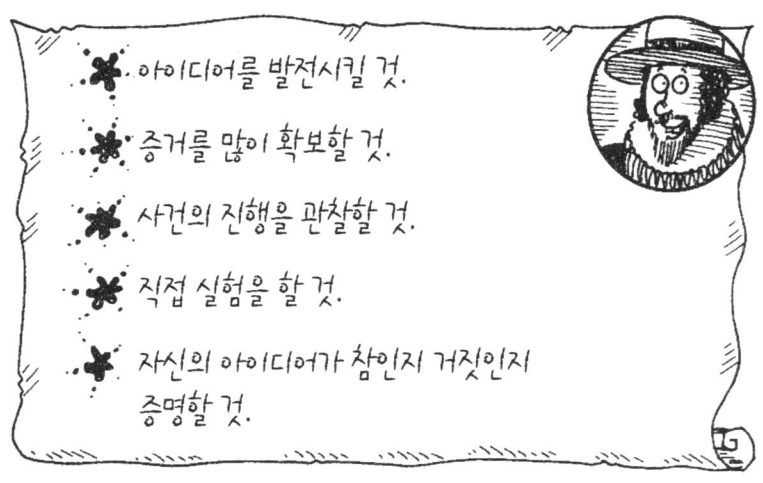

- 아이디어를 발전시킬 것.
- 증거를 많이 확보할 것.
- 사건의 진행을 관찰할 것.
- 직접 실험을 할 것.
- 자신의 아이디어가 참인지 거짓인지 증명할 것.

사람들은 이 신중한 방법의 가치를 점차 깨닫기 시작했다. 그렇게 해서 우리가 아는 과학이 탄생한 것이다. 물론 여러분이 과학자가 된다면 하게 될 일도 바로 그것이다. 그런데 한 가지 문제가 있다. 어떤 실험은 진짜 끔찍하다는 사실!

여러분은 이 실험에 손을 댈 배짱이 있을까?

고통스런 과학 실험

과학 시간에 실험을 하다가 겁먹은 적이 없는지? 어쩌다가 매캐한 냄새라도 풍긴다면, 그건 화학 물질이 아니라 위험물일지도 모른다. 여러분이 다루는 것은 혹시 독극물이나 폭발성을 띤 물질이 아닐까? 그러나 용기를 내라, 과학의 역사는 과학자들을 고생시킨 실험들로 가득하니까.

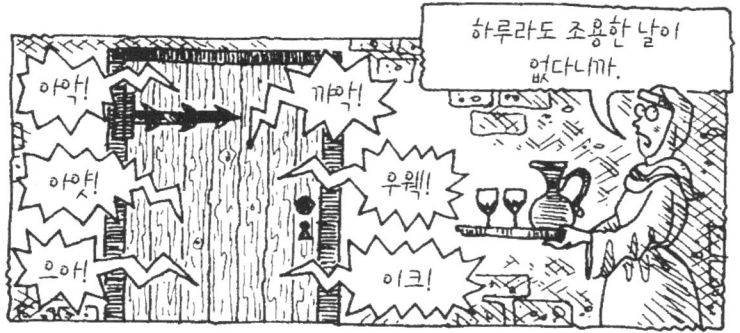

로베르트 분젠(Robert Bunsen; 1811~1899)과 그 동료인 에밀 피셔(Emil Fischer; 1852~1919)에게 일어난 일이다. 분젠은 독일 하이델베르크 대학의 화학 교수였다. 그는 새로운 종류의 두 원자, 즉 세슘(Cs)과 루비듐(Rb)을 발견하는 업적을 남겼다. 또, 그는 카코딜(cacodyl)이 주성분인 냄새 고약한 화합물을 연구했다. 이 때문에 그의 옷에선 고약한 냄새가 났다. 에밀 피셔의 아내는 이렇게 말했다.

쉬는 시간에 선생님 골려 주기

여러분 학교에도 분젠 버너가 있는지? 있다면 과학 수업이 끝난 후, 선생님한테 이렇게 여쭤 보아라.

답 : 글쎄 버너는 분젠이 아이디어 낸 것이긴 하지만, 그가 발명한 건 아닙니다. 이 버너는 조수였던 페터 데스데가(Peter Desdega)가 발명한 공로를 인정받고 있습니다.

내 생각에 피셔 부인은 남편이 풍기는 그 불쾌한 화합물의 냄새에 익숙해졌던 것 같다. 피셔는 피아노 연주를 즐기고 맛있는 음식을 좋아한 쾌활한 사람이었다. 그러나 그가 발견한 화학 물질 중 하나는 저녁 식탁에서 다른 사람들의 입맛을 모두 달아나게 했을 것이다. 그 물질은 피부를 상하게 했고, 그 때문에 그의 피부를 조각조각 벗겨져 나가게 만들었기 때문이다. 그리고 한번은 그의 사회적 체면을 완전히 구겨 놓은 일이 일어났다.

1880년대 초에 그는 스카톨(skatole)을 발견했다. 이것은 여러분의 내장에서 방귀 냄새가 나게 하는 물질이다. 그 날 저녁,

그의 학생 몇몇은 다른 도시에 있는 집으로 돌아갔다. 도중에 밤이 되자, 그들은 호텔을 찾았다. 그러나 옷에 묻은 스카톨 냄새가 어찌나 고약했던지, 호텔 지배인은 이들을 쫓아 냈다.

위험 천만한 실험

그러나 그들의 고생도 진짜 위험한 일을 하는 과학자들에 비하면 호사스러운 편이다….

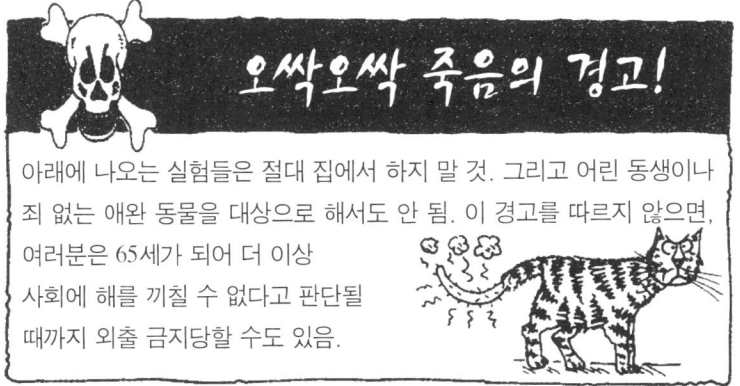

파랗게 언 베이컨

프랜시스 베이컨을 잊지는 않았겠지? 그가 얼마나 실험에 열중했는지도? 그러나 1626년 4월, 베이컨은 생각이 바뀌었을 것이다. 뭐, 그가 좀더 오래 살았다면 틀림없이 그랬을 거라는 이야기지….

오늘의 뉴스

옛날판

1626년 4월 9일

죽은 닭이 베이컨을 죽이다!

전 대법관 프랜시스 베이컨 사망하다!

마부 버트

베이컨의 마부 버트의 말에 따르면, 마차를 타고 가던 베이컨은 내리는 눈을 보고 감탄하면서 어떤 실험을 하기로 결심했다고 한다. "나리께선 눈을 사용해 죽은 닭을 보존할 수 있는지 알아보고 싶어 하셨죠. 나리는 꼭 뭐가 하나 빠진 사람 같았습죠."

살인 닭

베이컨은 한 시골 농부한테서 죽은 닭 한 마리를 사서 닭 내장에 눈을 채워 넣다가 병에 걸렸다.

기사 버트의 말은 이렇다. "그러다가 토하셨는데, 그 냄새가 지독했어요. 나리의 몸은 그 닭만큼 안 좋아 보였습니다."

의사가 달려왔으나, 그는 이렇게 말했다고 한다. "위장에 심한 한기가 들었는데, 그게 폐까지 퍼졌습니다. 저로서도 꽁꽁 언 베이컨은 어떻게 할 수가 없군요."

옛날 과학자들에겐 보호 안경이나 보호복, 그럴 듯한 마스크 같은 보호 장비라곤 하나도 없었다. 그래서 어떤 일들이 있었느냐 하면….

위험한 실험

1. 로베르트 분젠은 독성이 있는 비소를 가지고 실험하다가 한쪽 눈을 잃었으며, 거의 죽을 뻔했다.

2. 프랑스의 화학자 피에르 뒬롱(Pierre Dulong; 1785~1838)은 1811년에 큰 행운을 맞았다. 삼염화질산이라는 새로운 화합물을 발견한 것이다. 솔직히 말해서 그것은 그렇게 운이 좋은 게 아니었다. 강력한 폭발성을 지닌 그 화합물이 뒬롱의 한쪽 눈과 손가락 두 개를 날려 버렸거든.

3. 전기는 혼이 빠질 만큼 위험할 수도 있다. 1745년, 네덜란드의 과학자 피테르 반 뮈센브루크(Pieter van Müsschenbroek : 1692~1761)는 금속 용기에 물을 채우고 놋쇠 막대로 정전기를 발생시키는 장치에 이것을 연결했다. 물 속에 전기가 흐를 때, 조수가 우연히 이것을 만졌다가 끔찍한 충격을 받았다. 얼마 후, 독일의 과학자 에발트 폰 클라이스트(Ewald von Kleist : 1700~1748)는 비슷한 사고를 당한 후 이렇게 말했다.

그렇지만 만약 그가 프랑스의 왕이 되었다면 사람들은 훨씬 큰 충격을 받지 않았을까?

4. 독일의 화학자 유스투스 폰 리비히(Justus von Liebig ; 1803~1873)는 그가 가르치던 기센 대학 학생들에게 인기가 많았다. 하루는 새로운 산을 시험하려고 자원자를 모집했다. 학생들은 인기 있는 과학 교수 말이라면 죽는 시늉까지 했기 때문에 모두 손을 번쩍 들었다. 그래서 리비히는 걷어 올린 자원자들의 팔에 산 몇 방울을 떨어뜨렸다. 아뿔싸, 그 산은 생각했던 것보다 훨씬 강했고, 몇몇 자원자들은 심한 화상을 입었다.

5. 영국 과학자 에드가 에이드리언(Edgar Adrian ; 1889 ~ 1977)은 신경 전문가였다. 그는 자기 반사 신경이 얼마나 잘 반응하는지 실험하려고 자동차로 위험하게 질주하는 걸 즐겼다. 물론 같이 탄 승객들도 각자 반사 신경을 실험해야 했겠지!

비가 새는 실험실

과학자에겐 실험을 할 수 있는 별도의 장소가 필요하다. 즉, 실험실 말이다. 그 동안 별별 모양과 크기의 실험실이 등장했다. 다음의 두 실험실을 비교해 보자 ….

다파러 부동산 소개소

<매물 있음>

- 성과 실험실까지 딸린 개인 소유 섬.
- 덴마크 벤 섬의 우라니보르크 성

다파러 부동산에서는 독특한 성과 함께 예의바른 농민들이 사는 마을과 섬을 통째로 내놓게 되어 무척 기쁘게 생각합니다. 이 성은 과학자이자 천문학자인 티코 브라헤가 1575년에 지은 것입니다.

이 물건을 간단히 요약하면…

- 🏠 농장 40개, 마을 하나, 잡아먹을 물고기가 가득한 연못 60곳이 있는 섬.
- 🏠 풍차, 제지 공장, 댐이 하나씩 있음.
- 🏠 경비견들을 위한 개집 두 채.
- 🏠 전용 실험실이 딸리고, 5.2 m 두께의 벽으로 둘러싸인 성. 별을 볼 수 있는 천문대 두 곳.
- 🏠 아주 이상적인 세일 가격:

99억 9999만 원

★ 요건 몰랐을걸!

티코 브라헤(Tycho Brahe ; 1546~1601)는 성미가 고약했다. 19세 때 그는 한 덴마크 귀족과 한밤중에 칼싸움을 벌이게 되었는데, 결투를 한 이유는 수학 문제의 답 때문이었다고 한다. 여러분은 수학 숙제가 결투를 벌일 만한 가치가 있다고 생각하는가? 그 귀족은 티코의 코끝을 베어 버렸다. 말 그대로 코가 납작해진 것이지. 어쨌든 그 후 티코는 구리와 은의 합금으로 만든 가짜 코를 달고 다녔다. 그러나 발끈하는 성미는 끝내 못 고쳐 1597년에 덴마크의 왕족과 사이가 틀어진 후, 벤 섬을 떠나야 했다.

<매물 있음>

● **파리의 헛간**

역사적인 헛간으로서, 1898년에 과학자 마리 퀴리와 그 남편 피에르 퀴리가 새로운 원소 라듐을 발견한 바로 그 장소임. 간단히 요약하면….

🏠 기본적으로 건물에 기대어 지은 구조로, 작은 마루가 있음. 그뿐임.

🏠 환기가 잘 됨(구멍이 많아서). 여러분이 하고자 하는 실험 도중에 발생할 수 있는 유독성 기체를 제거하는 데 아주 좋음.

🏠 여름에 쾌적하고 시원함(겨울에도).

🏠 뭐든 직접 하기를 좋아하시는 분한테는 제격임!

가격 : 얼마든지 협상 용의가 있음. 어떤 조건이라도 좋음.

언제든지 환영합니다.

★ 요건 몰랐을걸!

이 헛간은 돈에 쪼들리던 퀴리 부부가 얻을 수 있는 유일한 공간이었다. 마리 퀴리(Marie Curie ; 1867~1934)와 피에르 퀴리(Pierre Curie ; 1859~1906)는 라듐을 찾느라 이 헛간에서 독성 화학 물질을 가열하며 4년을 보냈다. 이 곳을 방문했던 독일인 과학자 빌헬름 오스트발트(Wilhelm Ostwald)는 이렇게 말했다.

> 그것은 마구간과 감자 창고의 중간쯤 되는 곳이었다…. 나는 그게 장난인 줄 알았다….

과학자들은 아직도 실험실에서 열심히 일하고 있다(300년 전에 베이컨이 말한 것과 비슷한 관찰과 실험 방법을 사용하면서). 만약 성공해서 위대한 발견을 한다면? 그 땐 노벨상을 받을 수도 있다.

따분한 과학자의 말참견

> 노벨상은 스웨덴의 발명가 알프레드 노벨 (Alfred Nobel; 1833~1896)이 기부한 돈으로 1901년에 만들어졌어요. 노벨상은 물리학, 화학, 생리학, 문학, 세계 평화에 두드러진 업적을 남긴 사람들에게 주어집니다. 수상자는 지름 6.5cm의 금메달과 25000파운드를 받는데, 그만하면 꽤 괜찮죠. 언젠가 나도 받을 수 있을지도…(한숨).

선생님을 골려 주는 질문

최연소 노벨상 수상자의 나이는?

a) 11세
b) 45세
c) 25세

답: c) 혹시 아리송한 과학 숙제를 아버지가 도와 주신 적이 있는가? 아주 유명한 과학자의 아버지로부터 평생토록 배울 수 있다면 이 얼마나 행복한 일인가. 윌리엄 브래그(William Bragg : 1862~1942)와 아들 로렌스 브래그(Lawrence Bragg : 1890~1971)를 두고 하는 말이다. 이들 두 사람은 결정을 통과한 X선이 파도 나가서 만들어 내는 운동을 연구하는 데 결정적인 업적을 남겼다. 1915년에 이들 부자가 공동으로 노벨상을 받았는데, 그 때 로렌스의 나이는 겨우 25세였다.

과학자가 될까말까 아직 고민 중이라고? 그렇다면 다음 장을 읽고 싶어서 근질근질하겠군.

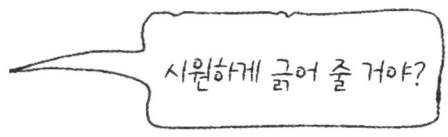

현대의 고생고생 과학자

과학자가 되기로 했다면 우선 결정해야 할 문제는 어떤 분야를 택할까 하는 것이다. 아리스토텔레스 이후 2300년 동안 과학은 기나긴 길을 걸어왔다. 과학은 많은 분야들로 나누어져, 각 분야에서 특별한 훈련을 받은 과학자들이 나오고 있다.

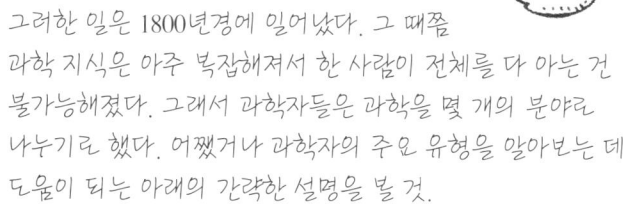

알아 두어야 할 사실

그러한 일은 1800년경에 일어났다. 그 때쯤 과학 지식은 아주 복잡해져서 한 사람이 전체를 다 아는 건 불가능해졌다. 그래서 과학자들은 과학을 몇 개의 분야로 나누기로 했다. 어쨌거나 과학자의 주요 유형을 알아보는 데 도움이 되는 아래의 간략한 설명을 볼 것.

과학자 탐방

○ **천문학자**
○ 외부 우주 공간과 그 안에 있는 모든 것을 연구하는 사람들. 우주는 얼마나 큰가, 다른 행성의 상태는 어떤가 하는 문제들에 관심이 있다. 대부분의 천문학자들이 우주에 가 본 적이 없기 때문에, 그들은 주로 망원경을 보거나 우주 탐사선을 보냄으로써 밤 하늘을 연구한다. 그러나 천문학자들이 매일 망원경을 보면서 시간을 보내는 것은 아니다. 컴퓨터가 자동으로 영상을 분석해서 천문학자들이 볼 사진을 만들어 주기 때문이다.

멋진 우주 탐사선
한심해하는 외계 우주선
뒤에 계속됨...

화학자

화학 물질을 연구하거나 여러 화학 물질을 다양한 방법으로 섞어 새로운 물질을 만들어 내는 사람들. 화학 물질은 저마다 독특한 원자 배열을 가지고 있기 때문에 화학자는 원자들이 어떻게 결합하는지, 또 원자들이 어떤 예쁜 모양을 이루며 결합하는지에 관심이 많다.

생물학자

동식물을 조사하고, 밥을 안 줘도 동식물이 어떻게 살아가며, 또 어떻게 병으로 죽는지 연구하는 사람들. 또한, 살아 있는 것들이 어떻게 먹고 자라며 어떻게 생식하는지(즉, 새끼를 낳는지, 식물의 경우에는 어떻게 씨를 뿌리는지) 등등 별의별 징그러운 것들을 다 알고 싶어한다. 사람의 몸을 전문으로 연구하는 생물학자도 있으며, 세포, 즉 동식물을 이루고 있는 작은 젤리 같은 것을 들여다보는 생물학자도 있다.

작은 동물들을 자세히 볼 수 있는 확대경

벌레를 잡는 채집망

흥미로운 애벌레를 찍기 위한 사진기

※ 이 생물학자는 벌레 전문가임.

물리학자

여러분 머리 위로 비둘기 똥을 떨어지게 하는 중력과 같은 힘과 에너지를 연구하는 사람들. 이들은 행성이나 별처럼 억 소리나게 큰 것부터 원자처럼 아주 작은 것까지 물체들이 어떻게 움직이는지 연구한다. 또, 원자를 이루는 아주 작은 알갱이에도 관심이 많다. 물리

뒤에 계속됨...

여러분은 이 책에서 위의 네 분야의 과학자들을 두루 만나게 될 것이다. 그 사람들을 눈여겨보도록.

지구 탈출 계획

비록 이들 네 분야의 과학자들은 서로 다른 문제를 연구하지만, 종종 두 분야 이상의 전문가가 필요한 연구에는 같이 협력해 일하기도 한다. 예를 들어 우주에서는 벌레들이 어떻게 행동할까를 연구하는 계획에는 다음과 같은 과학자들이 필요하다….

● 우주에서의 비행 경로를 짤 천문학자

● 로켓을 설계할 물리학자

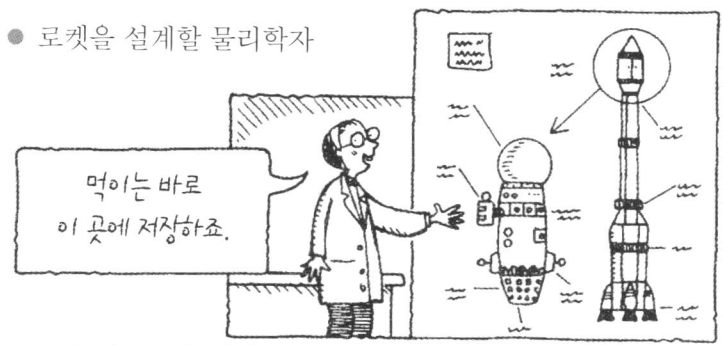

● 로켓 연료를 혼합할 화학자

● 벌레를 연구하고 돌봐 줄 생물학자

연구 계획이 크면 클수록 거기 참여하는 과학자들도 더 많아진다. 미국의 NASA(미항공우주국)에서 추진하는 우주 계획에는 수백 명의 과학자들이 참여한다. 그러나 담당 분야에 상관없이 과학자들에겐 한 가지 공통점이 있다. 연구를 위해 모두 컴퓨터를 사용한다는 점이다. 위의 놀라운 우주 애벌레 계획을 자세히 살펴보자.

자, 이건 아주 흥미진진한 연구입니다.
이 벌레들이 무기력하게 둥둥 떠다니게 될까요? 죽을까요?
아니면, 무중력 상태에 적응해서 지극히 정상적으로 살아갈까요?
혹시나 우주 광선을 받아서 거대한 육식성 벌레가 되지는 않을까요?
좋아요, 마지막 경우는 거의 없을 것 같네요.

    천문학자는 컴퓨터를 이용해 벌레들을 태운 우주 실험실의 궤도를 계산한다. 충돌을 피해야 할 우주 쓰레기들이 어디 있는지 알아보기 위해 컴퓨터 시뮬레이션(모의 실험)을 한다. 한편, 물리학자는 컴퓨터를 이용해 로켓이 받을 압력과 우주의 차가운 온도가 로켓에 미치는 영향, 로켓을 땅에서 띄우는 데 필요한 연료의 양 등 여러 가지 흥미로운 문제를 계산한다. 뭐, 여러분이 물리학자라면 흥미롭다 이거지.

    화학자는 또 다른 컴퓨터 시뮬레이션을 통해, 연료 속에 혼합된 여러 화학 물질들이 고온에서 폭발할 때 어떻게 반응하는지 알아본다. 연료가 효과적으로 로켓을 추진시켜 줄까, 아니면 폭파시키는 것은 아닐까? 생물학자는 벌레들을 돌보기 위해 우주로 가려는 생각은 벌레 발톱만치도 없다. 대신에, 컴퓨터 프로그램을 통해 자동적으로 빛과 먹이의 양을 조절한다.

    이제 벌레들을 태운 로켓은 저 하늘을 향해 날아갈 준비가 되었다. 10, 9, 8, 7….

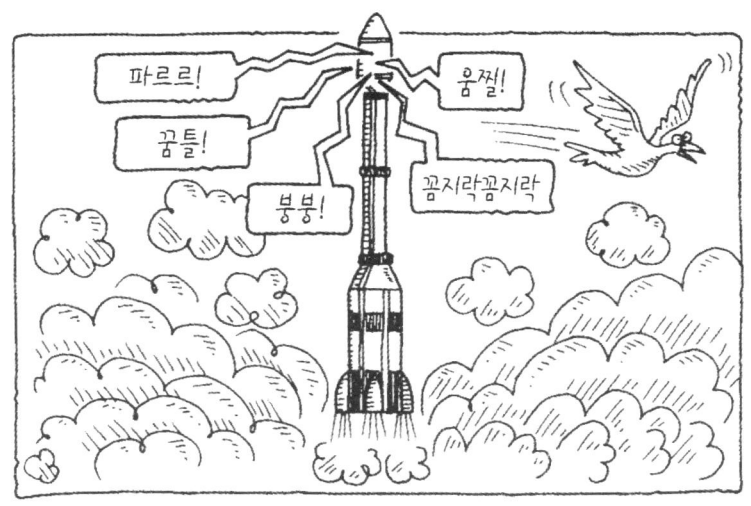

 이 이야기는 이쯤에서 끝내야겠다. 여러분이 기뻐할 소식을 전하자면, 그 로켓은 무사히 발사되었고, 벌레들은 그 후 몇 주 동안 즐겁게 지구 주변을 돌았으며, 또 과학자들은 벌레들을 관찰하면서 행복한 시간을 보냈다. 아, 참! 우주 이야기가 나왔으니 말인데, 거기도 우리가 들를 곳이다. 다음 장에 맨 처음 별을 본 사람들 이야기가 나오거든.
 그리고 그들이 얼마나 고생했는지도….

제 3 부

고생고생 천문학자

고대의 천문학자

우리의 고인돌 가족(14쪽에서 나왔지?)은 요즘의 어린아이마냥 밤 하늘을 보고 감탄하면서 저 별들이 어디서 왔을까, 왜 빛날까 하고 궁금해했다. 참 따분했겠다고 생각하는 사람은 그 시대에 텔레비전이 없었음을 떠올리길.

★ 요건 몰랐을걸!

영국에 있는 스톤헨지를 비롯해 그와 비슷한 원 모양의 돌들이 구석기 시대에 세워졌는데(놀랐지?), 어떤 사람들은 이것을 일종의 커다란 시계라고 생각한다. 이 돌들은 하지 같은 특별한 날에 해가 뜨는 방향으로 나란히 늘어서 있어서 이 돌들이 세워진 날짜를 말해 준다. 적어도 건전지는 필요 없었겠군.

한편, 고대 인도, 이집트, 중국, 중동 등지에서는 기원전 3000년경부터 천문학자들이 목이 뻣뻣해지도록 밤 하늘을 쳐다보았다. 그들은 하늘을 관측하여 별들의 위치를 밝혀 냈고, 달력을 만들기 위해 일 년 동안 별들이 하늘을 지나가는 모습을 관찰했다.

> ★ 요건 몰랐을걸!
> 중앙 아메리카의 원주민들도 천체들의 움직임을 기록했다. 기원전 2600년경부터 서기 900년경까지 중앙 아메리카에서 살았던 마야 인은 금성이 태양 주위를 한 바퀴 도는 시간을 계산했는데, 어찌나 정확했던지 겨우 14초밖에 차이가 나지 않았다고!

한편, 유럽에서는 아리스토텔레스와 그 얼렁뚱땅 이론을 계속 높이 받들고 있었다. 알렉산드리아에서 활동하던 프톨레마이오스(Ptolemaeos)라는 천문학자는 한술 더 떠서 태양과 행성, 별들이 지구 주위를 도는 투명한 수정 구슬들 위에 박혀 있다고 주장했다. 이 모든 이론이 성서와 잘 들어맞는다고 생각한 교회의 높은 사람들은 이를 그대로 받아들였다. 이 때문에 그 후 1400년 동안 유럽의 천문학에서는 다른 어떤 주장도 나올 수 없었다. 알아야 할 모든 것은 아리스토텔레스가 이미 설명했다고 생각했던 것이다.

> ★ 요건 몰랐을걸!
> 이런 생각을 하게 된 건 우주에서 인간이 가장 중요한 생명체이며, 지구가 가장 중요한 장소라고 믿었기 때문이다. 그래서 지구가 우주의 중심이 아니라는 생각은 상상도 할 수 없었다. 사실, 아직도 자기가 우주의 중심이라고 생각하는 사람들이 간혹 있다.

산 채로 껍질이 벗겨진 여자 과학자

모든 사람이 흐뭇하게 아리스토텔레스의 이론을 따르는 중에도 학교에서는 천문학을 가르쳤고, 천문학자들은 계속해서 별들의 위치를 그렸다. 그러다가 한 천문학자는 비참한 최후를 맞았다. 알렉산드리아의 히파티아(Hypatia ; 375~415)라는 여자는 천문학과 수학에 관한 책을 썼다. 또한, 연중 시기별로 밤하늘에 떠 있는 많은 별들의 지도를 그렸다. 히파티아는 이를 위해 아스트롤라베(별의 위치를 관측하는 장치)를 설계했다. 불행하게도, 이 아스트롤라베의 정확한 도면은 전해지지 않으며, 히파티아 자신은 매우 참혹한 죽음을 맞이했다.

당시 알렉산드리아는 유대교, 기독교, 그리고 히파티아처럼 로마 신을 믿는 사람 등 여러 신도들 간의 싸움이 그칠 날이 없었다. 기독교도들은 히파티아를 좋아하지 않았다. 그녀는 이집트를 지배하게 된 로마 인인 오레스테스(Orestes)의 친구였기 때문이다. 여기까진 알겠지? 오레스테스가 기독교 수장인 키릴루스(Cyrilus ; 376~444)와 사이가 나빠지자, 기독교도들은 그것이 히파티아 때문이라고 생각했다.

히파티아를 죽인 건 효과가 있었다. 오레스테스는 이집트에서 달아났고, 살인자들은 태연히 잘 살았다.

그 후 1200년 동안 유럽의 천문학에는 이렇다 할 발전이 없었다. 그러나 유럽을 제외한 다른 곳들에서는 훌륭한 천문학자들이 나왔다. 다음 장에 나오는 사람처럼. 그 사람이야말로 진짜 스타다. 원래 선생님이었다는 걸 생각하면 좀 이상한 일이지만….

과학계의 스타, 오마르 하이얌

여기에 소개할 사람의 이름은 기야트 알 딘 아부 알파트 우마르 이븐 이브라힘 알 니사부리 알 하이야미이다. 읽다가 혀를 씹진 않았는지? 엄마가 밥 먹으라고 부르고 나면 밥이 다 식었을 것이다.

다행히도 그의 이름은 역사에는 이렇게 알려졌다 ….

명예의 전당 : 오마르 하이얌(Omar Khayyam ; 1048~1122)

국적 : 페르시아

오마르는 지금의 이란에 위치한 쿠라산에서 태어났다. 그의 가족에 관해서는 알려진 바가 없으나, 그 이름 중 이브라힘이 '천막 만드는 사람'을 뜻하는 것으로 보아 그의 가족은 천막을 만들며 살았던 모양이다. 어린 오마르는 좋은 교육을 받았는지 과학에 관심을 가진 선생님이 되었다. 그러나 그는 연구하는 데 어려움이 많았다. 나중에 그가 털어놓기를, 가르치느라 너무 바빠서 수업해야 할 내용을 공부할 시간도 거의 없었다고 한다. 여러분 선생님도 이런 어려움을 겪으실까? 용감하게 물어 볼 사람?

그래도 오마르는 짬짬이 시간을 내어 기하학과 음악에 관한 책을 썼다. 조금만 더 시간이 있었더라면 음악적 수학에 관한 책을 썼을지도 모르지! 나중에는 상황이 나아지기 시작했다.

스타 탄생

1070년경 오마르는 저명한 판사인 아부 타히르(Abu Tahir)와 친구가 되었다. 이 판사는 수학에 관심이 많았던 모양이다. 오마르가 기하학 책을 두 권 이상이나 그에게 갖다 바쳤거든….

이 판사에게 바친 오마르의 저서는 술탄(이슬람 국가의 왕) 잘랄 알 딘(말리크 샤로 알려짐)의 관심을 끌었다. 술탄은 오마르에게 왕실 천문대를 관리하는 일을 맡겼다.

그런데 오마르는 무척 행복했으며, 그 후 18년 동안 별의 움직임을 연구했다. 이렇게 해서 그가 만들어 낸 것이….

대단한 달력

지구에서 보면 별들은 일 년 동안 지구 주위를 한 바퀴 도는 것처럼 보인다. 1079년경 오마르는 별을 관측해서 얻은 정보로 일 년의 길이를 정확히 계산했다.

이 계산은 겨우 0.0002일밖에 틀리지 않았다. 그러니까 오마르가 만든 달력은 5000년에 단 하루가 모자란다는 뜻이다. 그 때쯤이면 여러분은 쪼글쪼글 늙어서 아무도 생일을 챙겨 주지 않거나 크리스마스가 하루 지난 뒤에 선물을 받아도 그저 그러려니 할 테지만 말이다(우리가 지금 쓰는 달력은 오마르의 달력보다 덜 정확하다. 3333년마다 하루씩 늦어지거든).

오마르는 술탄에게 자기가 계산한 1년 길이에 맞게 달력을 고치라고 충고했다. 그러나 그 때부터 일이 틀어지기 시작했다.
첫째, 술탄이 죽었다.

그렇지만 오마르는 일을 계속할 수 있을 것이라고 생각했다. 페르시아의 총리와 친했기 때문이다.

그러나 왕비가 권력을 잡았다. 총리는 왕비와 권력 다툼을 벌이다가 자객에게 살해당했다.

총리의 친구들은 누구든 왕비의 눈 밖에 났다. 오마르의 천문대는 폐쇄되었다.

오마르는 옛날 페르시아의 통치자들은 참으로 좋은 사람들이었다는 내용의 책을 썼다. 특히, 천문학자들에게는 다정하고 관대했다고 썼다.

왕비가 이러한 노골적인 암시에 기분이 좋을 리 없었다. 당연히 오마르에게는 다시는 어떤 일도 주지 않았다.

★ 요건 몰랐을걸!
오마르는 뛰어난 시인이기도 했다. 유럽에서는 그가 천문학에서 이룬 업적보다 시 때문에 더 널리 알려져 있다.

쓸데없는 점성술

오마르가 한 일 중에는 별들의 위치를 바탕으로 중요한 사람들의 미래를 점치는 일도 있었다. 정작 그 자신은 점성술을 믿지도 않았지만, 거기에 엄청난 시간을 쏟았다(물론 점성술사들은 아직도 이 점을 믿는다. 그런데 과학자들도 신문에 난 별자리 점을 슬쩍슬쩍 엿본다는 사실은 몰랐지?).

한편, 유럽에서는 그 때까지도 아리스토텔레스의 얼렁뚱땅 우주론을 믿고 있었다. 한 총명한 천문학자가 등장해서 아리스토텔레스의 이론이 틀렸음을 증명하기까지는 아직도 400년이나 기다려야 했다.

별 중의 별, 코페르니쿠스

 코페르니쿠스는 운이 좋았다. 죽여 줄 정도로. 왜냐하면, 자신의 이론이 막 출판될 때 운 좋게 죽었거든. 그것은 정말 행운이었다. 일찍 죽었기 때문에 종교 재판에 끌려가 끔찍한 죽음을 맞이하지 않았으니까….

명예의 전당 : 니콜라우스 코페르니쿠스 (Nicolaus Copernicus : 1473~1543) 국적 : 폴란드

 코페르니쿠스는 열 살 때 부유한 상인이던 아버지를 여의고 삼촌과 살게 되었다. 부자에다가 큰 권력을 가진 주교 삼촌이 있다는 건 정말 행운이었다. 그 덕에 어린 코페르니쿠스는 용돈이 넉넉했고, 학교를 졸업한 뒤에도 15년 동안 학교에 머물며 계속 공부할 수 있었거든(아차, 여러분한테는 행운이라고 할 수 없겠군. 그렇지만 코페르니쿠스는 몹시 배우고 싶어했거든). 그는 폴란드의 대학교에서 수학을 공부하다가 이탈리아로 가서 대학교 세 군데에서 의학과 법학을 공부했다.

알아 두어야 할 사실

이 무렵 이탈리아는 시끌벅적했다. 학자들은 먼지 쌓인 오래 된 사원에서 케케묵은 고대 그리스와 로마의 저서들을 새로 발견하고 있었다. 공부를 많이 한 사람들은 그리스의 과학과 사상에 다시 관심을 가지게 되었다.

뒤죽박죽 만병 통치약

코페르니쿠스는 의학을 공부하여 새로운 약품을 발명했다. 조제법은 요 밑에….

코페르니쿠스는 이 약을 하루 두 번씩 복용하면 어떤 병도 낫는다고 주장했다. 글쎄, 복통에도 잘 들을까? 오히려 복통을 일으켜서 진짜 병을 치료할 기회조차 없애지 않을까?

삼촌은 코페르니쿠스가 언제쯤 공부를 그만두고 제대로 된 직업을 가질까 은근히 걱정했다. 그래서 코페르니쿠스가 집을 비운 사이에 조카의 일자리를 준비해 두었다. 그것은 프라우엔부르크 성당의 참사회원 자리였다.

참사회원은 사무직이었으나, 코페르니쿠스는 취미인 천문학을 연구할 시간이 많았다. 그는 월식을 본 이후 볼로냐 대학에서 천문학에 관심을 가지게 되었다. 기쁘게도 마음씨 좋은 삼촌이 탑을 지어 준 덕택에 그는 별들을 더 잘 볼 수 있었다.

어떠냐, 조카야?

네, 맘에 들어요.

그 후에 생긴 일…

코페르니쿠스는 별들이 일 년 주기로 지구에서 멀어지거나 가까워지는 것처럼 보인다는 사실을 발견했다. 그리고 그것은 지구가 우주 공간에서 커다란 원을 그리며 움직이기 때문이라고 추측했다. 그렇다면 태양이 지구 주위를 도는 게 아니라, 지구가 태양 주위를 돈다는 이야기가 된다.

사실, 그는 완전히 제대로 이해한 게 아니었다. 프톨레마이오스처럼 그도 행성들이 수정 구슬에 박혀 있다고 생각했다. 그에게 진짜 수정 구슬이 있었더라면, 이 이론이 틀렸음을 알았을 텐데…. 1543년, 코페르니쿠스는 뇌졸중을 일으켰다. 거동은커녕 말조차 할 수 없었다. 그러나 그의 책이 출판되었을 때, 누군가 잉크가 마르기도 전에 그 책을 갖다 주었다. 그는 그 책을 든 채 숨을 거두었다.

코페르니쿠스는 운이 좋았다. 좀더 오래 살았더라면 훨씬 고통스럽게 죽었을 것이다. 당시 이단(교회를 공격하는 사상)에 대한 형벌은 화형이었거든. 다시 말하지만, 교회는 태양이 지구 둘레를 돈다고 한 아리스토텔레스의 말이 옳다고 가르쳤다. 실제로 교회에 맞서다가 참혹한 죽음을 맞이한 사람이 있었다.

★ 요건 몰랐을걸!

이탈리아의 수사였던 조르다노 브루노(Giordano Bruno ; 1548~1600)가 주장한 이론은 교회 지도자들에게 이를 갈게 만들었다. 그의 이론은 이런 내용이었다.

▶ 코페르니쿠스가 옳다. 지구는 태양 주위를 돈다.

▶ 지구는 살아 있다. 우주 공간에서 움직이니까.

▶ 우주는 아주 광대하고, 우주의 모든 것은 원자로 이루어져 있다.

브루노는 독창적인 연구는 별로 하지 않았다(주로 추론과 사색을 이용했다). 그러나 그의 이론 두 가지는 옳았다. 위의 보기 중 어떤 것인지 알겠지?

브루노 대 종교 재판소

 브루노는 전 유럽을 돌아다니며 가르치고 글을 쓰면서 살았다. 그러다가 이탈리아로 돌아가기로 결심했는데, 그것은 치명적인 실수였다. 베네치아의 교수직에 초빙받은 브루노는 고용주가 자기를 보호해 줄 거라고 생각했다. 그것은 오산이었다. 결국 브루노는 종교 재판소에 끌려가게 되었다. 종교 재판소는 교회의 한 기구로서, 고문과 처형을 시켜서라도 이단을 뿌리 뽑는 일을 했다. 브루노는 7년 동안 감옥에 갇혀 있다가 이단자로 재판을 받게 되었다. 예상되는 판결은 하나뿐이었다.

불행한 결말

좋은 소식:

 재판장이 말했다.

나쁜 소식 :

그 판결은 1600년 2월 8일에 즉시 집행되었다. 가엾은 브루노! 그는 과학에서 찬란한 불꽃 같은 영광을 원했건만, 그에게 돌아간 것은 전혀 다른 불꽃이었다. 그러나 브루노처럼 비참한 운명을 맞이한 과학자가 또 있었으니….

용맹무쌍한 갈릴레이

1633년, 갈릴레이는 천문학자이자 만능 과학자로 이름을 날리고 있었다. 그러나 그 해, 그도 종교 재판소에 불려 가 고문과 죽음의 위협을 받았다. 갈릴레이는 브루노와 같은 길을 갔을까?

명예의 전당 : 갈릴레오 갈릴레이 (Galileo Galilei ; 1564～1642) 국적 : 이탈리아

젊은 시절에 갈릴레이는 수학에 푹 빠져 있었다. 수학을 얼마나 잘 했는지 피사 대학의 수학 교수가 됐을 정도였다. 그 후, 갈릴레이는 브루노와 코페르니쿠스의 책을 읽으며 과학에 관심을 가졌다. 이 책들은 지구가 태양 주위를 돌고 있다는 확신을 심어 주었다.

알아 두어야 할 사실

역사를 보면 과학자들은 시기마다 다른 분야의 과학에 관심을 보여 왔다. 코페르니쿠스 덕분에 1550년 이후 100년 동안은 단연 천문학이 큰 인기를 끌었다. 게다가, 갈릴레이와 같은 훌륭한 천문학자들이 나와 천문학을 더욱더 발전시켰다.

물리학 분야의 발견

한편, 갈릴레이는 천문학과는 관계 없는 중요한 사실을 발견

했다. 그것은 물리학 분야의 발견이었다. 갈릴레이는 진자를 주의 깊게 지켜봄으로써 진자가 한 번 흔들리는 데 걸리는 시간은 진자의 무게에 상관 없이 똑같다는 사실을 증명했다. 그리고 이것을 수학으로 설명했다. 물체의 움직임을 설명하기 위해 수학을 사용한 사람은 그가 처음이었다. 이 발견을 바탕으로 네덜란드의 크리스티안 호이겐스(Christiaan Huygens ; 1629~1693)는 세계 최초의 진자 시계를 만들었다. 이 시계는 추의 왕복 운동을 이용해 시간을 잰 것이다.

직접 해 보는 실험: 이 밖에 갈릴레이가 발견한 두 가지 사실
실험 1
준비물 : 고무공, 탁자

실험 방법 :
탁자 위에서 공을 굴려 끝에서 떨어지게 한다.

   공이 탁자 끝에 이르면 어떻게 될까?
a) 직선을 그리며 곧장 아래로 떨어진다.
b) 계속해서 몇 cm쯤 공중을 달리다가 직선으로 떨어진다.
c) 곡선을 그리며 떨어진다.

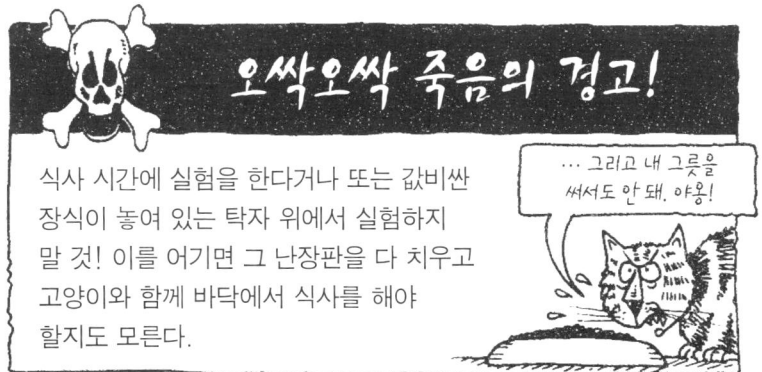

답 : c) 아리스토텔레스는 물체가 떨어질 때에는 직선으로 똑바로 떨어진다고 했다. 잊지 않았겠지? 그러나 아리스토텔레스는 한 번도 실험으로 확인해 보지는 않았다. 갈릴레이 덕분에 포병들은 좀더 정확하게 대포를 쏠 수 있게 되었다…. 어서 피해!

실험 2

준비물 : 탁구공 한 개, 똑같은 크기의 찰흙 또는 지점토 공

실험 방법 :

1. 두 공을 계단 난간 너머로(또는 2층 창문 밖으로) 떨어뜨린다.

어느 공이 먼저 떨어질까?
a) 무거운 찰흙(또는 지점토) 공
b) 가벼운 탁구공
c) 두 공이 동시에 땅에 떨어진다.

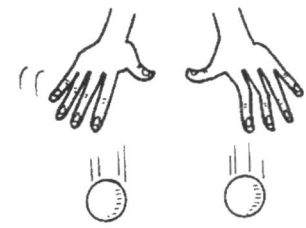

오싹오싹 죽음의 경고!
아래에 사람이 있는지 확인하지 않아서 혼났다고?
미안! 진작 말했어야 하는 건데.

답 : c) 아리스토텔레스는 무거운 공이 가벼운 공보다 빨리 떨어진다고 했다. 그러나 갈릴레이는 무거운 공과 가벼운 공을 동시에 떨어뜨리는 실험을 했다. 갈릴레이에 따르면 두 공은 똑같이 빨리 떨어진다. 공기(속도가 느려지는 까닭) 때문에 약간의 차이는 있지만, 중력은 모든 물체를 똑같이 당긴다. 사실 우주 공간에서는 깃털이 돌멩이와 똑같이 떨어진다. 그 이유는 이 책의 끝부분에 기록되어 있다.

자, 제대로 알아맞혔는지? 만약 두 문제 모두 맞혔다면, 여

러분은 갈릴레이와 같은 위대한 과학자가 될지도 모른다. 그렇지만 여러분이 체포되어 고문과 죽음의 위협을 받는 일은 없길 바란다. 왜냐하면, 갈릴레이는 그런 일을 당했거든.

망원경으로 별을 본 갈릴레이

1609년, 갈릴레이는 물리학자에서 천문학자가 되기로 마음을 바꾸었다. 그는 망원경이 발명되었다는 소문을 듣고 자기도 직접 망원경을 만들어 그것으로 목성의 네 위성과 달에서 산맥을 보았다. 이 발견은 또 한 번 아리스토텔레스의 이론이 틀렸음을 증명해 주었다. 고대 그리스인이 생각한 것처럼 달은 완전한 구가 아니라, 울퉁불퉁한 표면과 크레이터로 뒤덮여 있었기 때문이다.

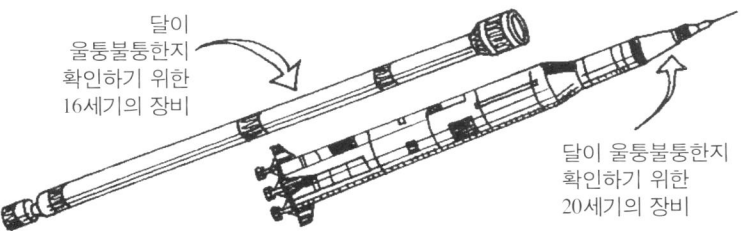

달이 울퉁불퉁한지 확인하기 위한 16세기의 장비

달이 울퉁불퉁한지 확인하기 위한 20세기의 장비

갈릴레이가 발견한 것 중 가장 중요한 것은 금성과 토성이 태양 주위를 돌고 있다는 사실이었다. 결국 지구는 태양계의 중심이 아니었다. 코페르니쿠스와 브루노의 말이 옳았다! 이걸 사람들한테 알리고 싶어 좀이 쑤셨던 갈릴레이는 1610년에 책을 썼는데, 이것이 화근이었다. 엄청난 실수였던 것….

심판의 시간

갈릴레이는 거의 모든 분야에서 두각을 나타냈다. 빛나는 화가, 빛나는 작가, 빛나는 음악가에다가 물론 빛나는 과학자였다. 단 한 가지 빛나지 못한 분야는 겸손이었다.

그 결과, 그에겐 적들이 생겼다. 특히, 교회 내부에 그러한 적들이 많았다. 1633년, 강의 내용에 관해 몇 차례 경고를 받은 후, 마침내 갈릴레이는 종교 재판소에 불려 갔다. 혐의는 이단이었고, 처벌을 받을 게 뻔했다. 그것도 화형으로! 여기에 갈릴레이의 비밀 재판에 관한 파일을 독점 공개한다.

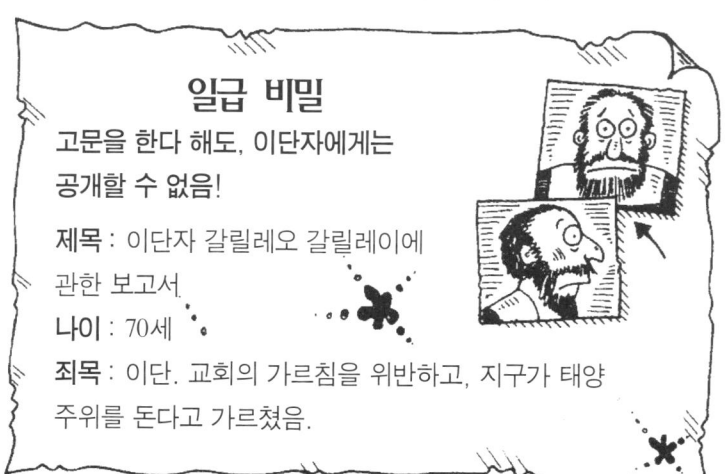

물론 태양이 지구 주위를 돈다는 건 삼척동자도 아는
사실이다. 만약 지구가 움직인다면, 새들은
나무에서 떨어지고 말 것이다. 안 그런가?

사건의 배경

갈릴레이는 1616년에

 자기 이론을 포기하겠다고 약속했다. 그러나
작년에 다시 책을 출판하여 교회의 가르침을
비웃고 사악한 이론을 제시했다. 그 책에서
갈릴레이는 세 사람의 대화 형식을 빌려 할 말을 다
했다. 그러나 우리 입장을 옹호하는 인물의 이름은
단순 무식한 사람을 뜻하는 심플리키우스였다. 그러니까
우리가 어리석다고 비꼰 것이다. 그러나 진짜 어리석은 짓을
저지른 사람은 바로 갈릴레이이다.

뜨거운 맛

갈릴레이가 자신의 과오를 인정할까?
1단계로 그에게 고문 기구를 보여 줄
것이다. 예를 들어 팔다리 뼈가 빠질 때까지 사람을
잡아늘이는 고문대를(업계에서는 일명 '감옥의 스트레칭'
이라고 알려져 있음). 그 다음에는 벌겋게 달군 집게와,
단단한 매듭이 있어 머리를 꽉 조르면 눈알이 빠지는
밧줄을 보여 준다. 그리고 그 다음에
기다리고 있는 뜨거운 맛의 순서를 알려
주면 아마 까무러칠걸? 바로
그 사악한 브루노를 태워 보냈던 화형 말이다.

그 다음에는 어떻게 되었을까?

따분한 역사학자가 또 말참견을 하고 나선다···.

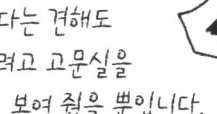

우리 역사가들은 정확하게 어떤 일이 일어났는지 확실히 모릅니다. 갈릴레이가 너무 유명해서 고문하지 못했다는 견해도 있죠. 종교 재판소는 겁을 주려고 고문실을 보여 줬을 뿐입니다.
그러나 일부 학자들은 갈릴레이가 내장 근육의 약화로 고생했다는 점을 지적합니다. 이런 손상은 고문대 위에서 몸이 잡아늘여졌을 때 발생할 수 있습니다. 그러니까 용감한 갈릴레이는 고문대 위에서 키가 약간 커졌는지도 모르죠.

이전

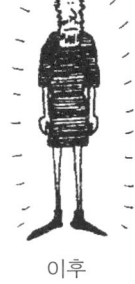
이후

그러나 갈릴레이는 죽지 않았다. 그는 살기 위해서 지구가 태양 주위를 돌지 않는다고 인정했다. 이렇게···

나는 전에 말했던 오류와 이단적 견해를 저주하고 혐오합니다. 맹세컨대, 다시는··· 절대로··· 저에 대해 그 비슷한 의혹을 불러일으킬 발언은 하지 않겠습니다.

그러나 전설에 따르면, 이렇게 중얼거렸다고 한다.

갈릴레이는 종신형을 선고받았다. 그는 자기 집에 갇혀서 다시는 밖으로 나오지 못했다. 결국 그는 시력을 잃고 과학 연구를 포기해야 했다. 그를 도와 줄 사람이 아무도 없었기 때문이다.

★ 요건 몰랐을걸!

곤경을 당한 천문학자는 갈릴레이와 브루노 말고 또 있었다. 독일의 천문학자 요하네스 케플러(Johannes Kepler ; 1571~1630)는 수학을 이용해 행성들은 납작한 원, 즉 타원을 그리며 태양 주위를 돈다는 사실을 증명했다. 그러나 그는 공상 과학 소설 작가로 자처했다. 1610년, 케플러는 어느 소설에서 자기 어머니가 마녀이며, 달에서 온 외계 괴물과 만났다고 썼다. 누군가 이 소설을 당국에 보였고, 당국은 그걸 실화로 여겼다! 죄 없이 끌려간 노파는 마녀란 누명을 쓰고 고문의 위협을 당했다! 케플러는 힘있는 인사들에게 편지를 써서 겨우 어머니를 석방시켰다.

갈릴레이와 케플러의 연구 덕분에 전 유럽의 천문학자들은 망원경으로 하늘을 보면서 별과 행성들의 위치를 정확하게 조사하게 되었다. 완고한 기독교인을 제외한 모든 사람들은 지구가 정말로 태양 주위를 돈다는 사실을 받아들였다. 그러나 독일 출신의 영국 천문학자 윌리엄 허셜이 이룬 발견처럼 아직도 발견할 게 많이 남아 있었다. 허셜은 운이 좋았다. 세상에서 가장 훌륭한 누이동생이 그를 도와 주었으니까.

왜 그런지는 다음 장에서 알아보도록….

오빠에게 눌려 지낸 누이

1782년, 윌리엄 허셜(William Herschel)은 영국 최고의 천문학자인 왕실 천문학자가 되었다. 그는 얼마 전에 천왕성을 발견했고, 그 후로도 새로운 별과 혜성을 많이 찾아 냈다. 1783년에는 새로운 형태의 빛인 적외선도 발견했다.

진상 조사 X-파일: 빛

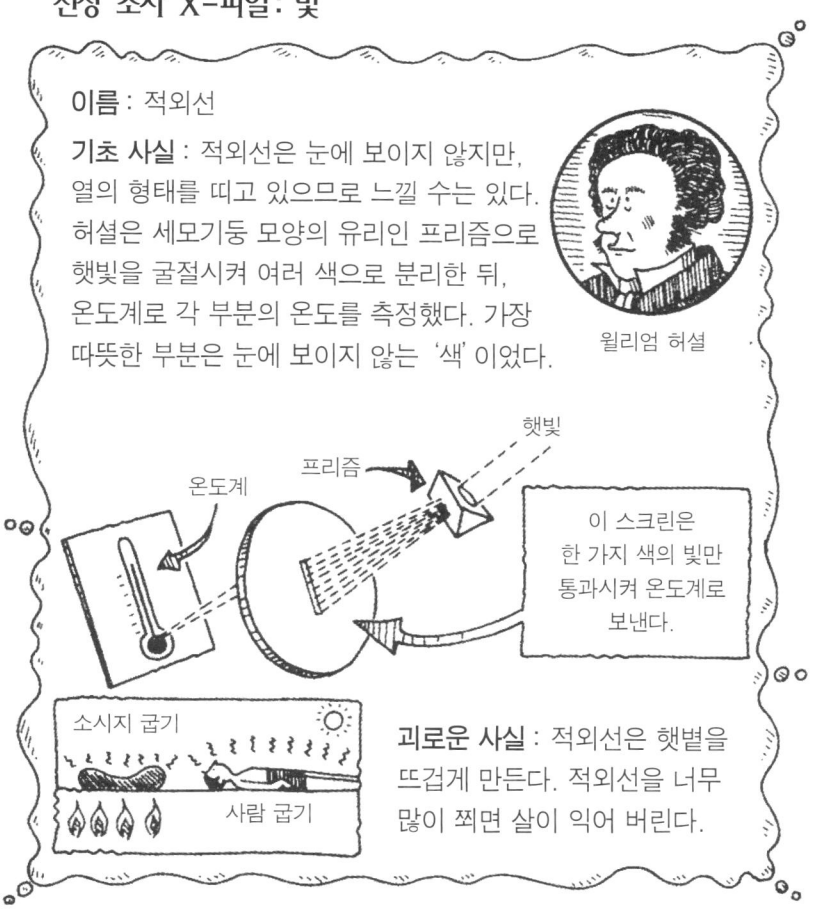

이름: 적외선

기초 사실: 적외선은 눈에 보이지 않지만, 열의 형태를 띠고 있으므로 느낄 수는 있다. 허셜은 세모기둥 모양의 유리인 프리즘으로 햇빛을 굴절시켜 여러 색으로 분리한 뒤, 온도계로 각 부분의 온도를 측정했다. 가장 따뜻한 부분은 눈에 보이지 않는 '색'이었다.

윌리엄 허셜

햇빛
프리즘
온도계
이 스크린은 한 가지 색의 빛만 통과시켜 온도계로 보낸다.

소시지 굽기
사람 굽기

괴로운 사실: 적외선은 햇볕을 뜨겁게 만든다. 적외선을 너무 많이 쬐면 살이 익어 버린다.

잘 알려지지 않은 이야기지만, 허셜의 성공 뒤에는 한 여자의 남다른 헌신이 있었다. 그 여자는 누이동생 캐롤라인이었다.

명예의 전당 : 캐롤라인 허셜 (Caroline Herschel ; 1750~1848) 국적 : 독일 출신의 영국인

캐롤라인이 어렸을 때, 아버지가 이렇게 말했다.

어머니는 이렇게 덧붙였다.

그래서 어린 캐롤라인은 거의 교육을 받지 못했다. 오빠들이 음악가 아버지한테 음악을 배우는 동안 어머니는 캐롤라인에게 요리와 청소, 오빠들의 냄새 나는 헌 옷 고치는 법을 가르쳤다.

캐롤라인이 비밀 일기를 남겼다면, 아마 다음과 같은 내용이 아니었을까?

캐롤라인의 비밀 일기
(부모님이나 오빠들은 절대 읽지 말 것)

 접근 금지!

1771년 ~ 내겐 취미가 하나뿐이다. 아니, 둘뿐이다. 피아노치기와 노래부르기. 내가 아는 것은 거의 모두 독학으로 배웠다. 그래도 음악 레슨 일자리는 얻을 수 있지 않을까?

1772년 ~ 중대 뉴스! 윌리엄 오빠가 편지를 보내 왔다. 오빠는 1757년 이후에 배스에서 살고 있다. 영국의 도시 배스 말이다! 오빠는 음악가로 일하고 있었는데, 돈을 많이 벌어서 우리 둘이 살 집을 짓게 됐단다. 엄마는 내가 그 동안 내내 해 오던 집안일을 해 주고 하인 급료를 받는 조건이라면 가서 살아도 좋다고 하셨다. 칫!

← 우리 집

1773년 ~ 영국의 생활은 기대와는 다르다. 오빠는 천문학에 넋을 잃었다. 오빠는 직접 망원경을 만드는데, 내가 도와 주어야 한다. 싫진 않지만, 렌즈를 만들 주형을 뜨기 위해 산더미 같은 말똥을 빻아 거르는 일도 내가 해야 한다. 그 다음엔 거울을 갈고 반짝반짝 닦는다. 그런데도 난 망원경을 들여다볼 수 없다! 대신에 밤새 오빠 옆에 앉아 오빠가 보는 것을 기록하면서 긴 숟가락으로 밥까지 먹여 줘야 한다.

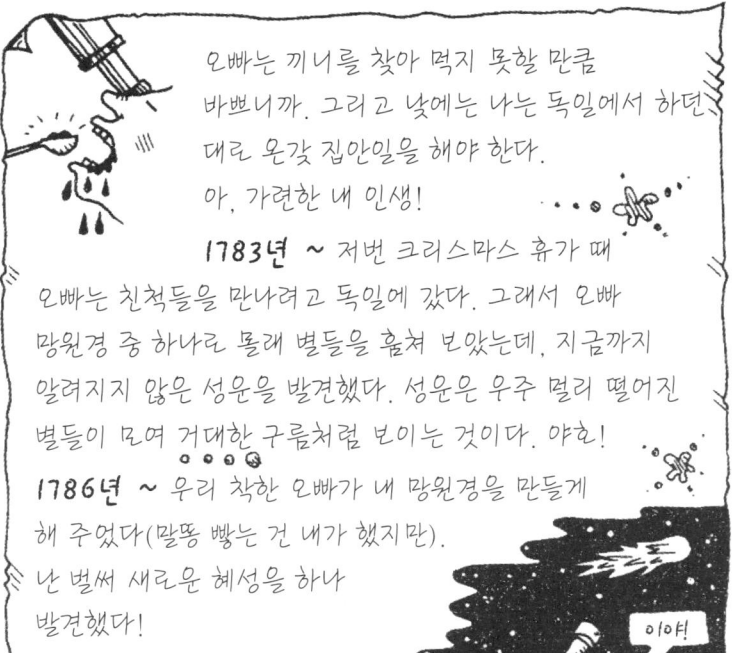

오빠는 끼니를 찾아 먹지 못할 만큼 바쁘니까. 그리고 낮에는 나는 독일에서 하던 대로 온갖 집안일을 해야 한다.
아, 가련한 내 인생!

1783년 ~ 저번 크리스마스 휴가 때 오빠는 친척들을 만나려고 독일에 갔다. 그래서 오빠 망원경 중 하나로 몰래 별들을 훔쳐 보았는데, 지금까지 알려지지 않은 성운을 발견했다. 성운은 우주 멀리 떨어진 별들이 모여 거대한 구름처럼 보이는 것이다. 야호!

1786년 ~ 우리 착한 오빠가 내 망원경을 만들게 해 주었다(말똥 빻는 건 내가 했지만).
난 벌써 새로운 혜성을 하나 발견했다!

이야!

캐롤라인 혜성

캐롤라인은 이어서 일곱 개의 혜성을 발견했고, 중요한 모든 별들의 목록을 만들었다. 이것은 천문학자들에겐 없어서는 안 될 자료가 되었지만, 캐롤라인은 찍찍거리는 작은 쥐만큼도 잘난 체하지 않았다.

난 잘 훈련받은 강아지가 하는 정도밖에 오빠한테 해 준 게 없어요.

말도 안 되는 소리다! 잘 훈련받은 강아지는 겨우 공이나 물어 오고 산책 나가자고 멍멍 짖는 게 고작이지. 그리고 훈련이 제대로 안 된 녀석이면, 슬리퍼를 씹고, 소파 뒤에 쉬를 한다. 그렇지만 캐롤라인은 수백 개의 별을 일목요연하게 정리하고, 보고서를 쓰고, 훌륭한 천문학자임을 떳떳하게 증명했다.

보답과 묵묵부답?

천문학자들이 캐롤라인이 이룬 업적의 가치를 깨닫는 데에는 오랜 시간이 걸렸다. 결국 캐롤라인은 늘그막에야 왕립천문학회와 프로이센 국왕으로부터 훈장을 받았다.

그러나 캐롤라인의 삶은 행복하지 못했다. 1788년에 허셜이 결혼하자, 가엾은 캐롤라인은 그 집에서 나와야 했다. 캐롤라인이 헌신적으로 도와 주었던 세월에 대해 허셜이 "그 동안 고마웠어"라고 말했는지는 역사에 기록돼 있지 않다.

한편, 천문학자들은 계속해서 극적인 발견들을 했다. 인류의 우주관을 송두리째 뒤바꾼 엄청난 발견들을! 계속 읽어라, 그러면 발견하리라.

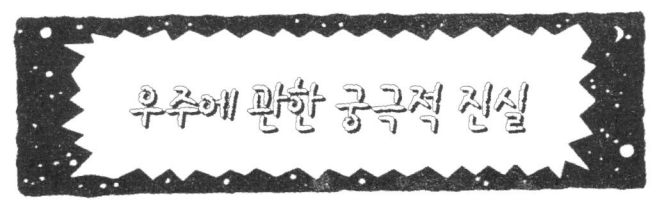

현대의 천문학자

1929년, 미국의 천문학자 에드윈 허블(Edwin Hubble : 1889~1953)은 우주를 거꾸로 뒤집었다. 아니, 진짜 그랬다는 게 아니라, 과학자들의 우주관을 바꾸어 놓았다는 이야기다. 그는 어느 방향을 보든지 간에 은하들(많은 별들이 모여 있는 집단)이 우리한테서 빠른 속도로 멀어지고 있다는 걸 발견했다.

외계인들이 우리를 싫어해서 그런 거냐고? 글쎄…. 어쨌든 허블은 우주가 풍선을 불 때처럼 점점 커져 간다고 정확히 예측했다. 만약 우주가 점점 커지고 있다면, 한때는 자그마했을 거라는 추측이 나온다. 허블은 우주가 대폭발(빅 뱅이라고 함)과 함께 시작되었으며, 계속 팽창하고 있다고 주장했다. 그는 유명해져 스타가 되었다. 어떤 사람들은 그의 콧대가 높아졌다고 한다. 그럼, 혹시 그 코도 팽창을?

쉬는 시간에 선생님 괴롭히기

준비물은 얇은 비닐 봉지와 용기만 있으면 된다. 휴게실에 계신 선생님 뒤로 몰래 다가가서 잔뜩 부풀린 비닐 봉지를 뻥 터뜨린다. 선생님이 정신을 차리면, 귀엽게 웃으며 이렇게 질문을 던져라.

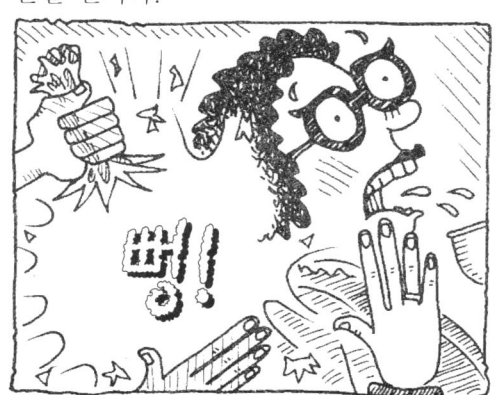

> 답: 공이 좋더라도 상대편이 받기 때문에 점수가 나지 않는다. 그리고 대답할 것이 없어서 이렇게 대답해 준 것일 뿐. "좋아", 라고 대답해 준다. 운동이 끝나고 중요 선수들이 모여서 사인회를 한다. 수예에서는 운영이 없어진다. 만, 글씨 쓰기 사이즈가, 사인할 수 있는지 모르겠다. 글은 사라지고 만 것이다.

오싹오싹 죽음의 경고!

진짜로 이 장난을 쳤다면, 날 탓하지 마라.
여러분 스스로 결정한 일이니, 여러분이 책임져야지.

거대한 망원경

그 후로도 망원경의 성능은 계속 좋아졌다. 오늘날 세계에서 가장 큰 망원경은 하와이의 마우나 키에 있는 켁(Keck) 망원경이다. 이 망원경은 지름 10 m의 거대한 거울들로부터 빛을 모으는 여러 개의 망원경으로 이루어져 있다. 우주에도 망원경이 떠 있다. 1990년에는 허블 우주 망원경이 쏘아 올려졌다. 이 망원경이 누구의 이름을 딴 것인지 알아맞혀도 상은 없다. 한편, 1930년대에 천문학자들이 새로운 종류의 망원경을 만들었다.

우주 깊은 곳을 조사하는 허블 망원경

1932년, 미국의 전파 공학자 칼 잰스키(Karl Jansky ; 1905~1950)는 별들에서 나오는 전파가 무선 통신을 교란시킨다는 사실을 발견했다(그것은 외계인의 팝송이 아니고, 별에서 자연적으로 방출되는 전파였다). 과학자들은 곧 이 전파에 주파수를 맞출 수 있는 강력한 무선 수신기를 만드는 작업에 들어갔다. 1967년, 대학원생이던 조슬린 벨(Jocleyn Bell)이 전파 망원경을 이용해 최초의 펄서(pulsar)를 발견했다. 펄서는 주기적으로 전파를 내뿜는 천체이다.

탐사선과 행성들

1960년대 이후 과학자들은 다른 행성들에 탐사선을 보내 사진을 찍고 조사를 하고 있다. 화성에는 1976년과 1998년에 탐사선이 실제로 착륙하기까지 했다. 그리고 1969년에는 인간이 처음으로 달 표면을 걸었다.

오늘날 과학자들은 이웃 행성들에 관해 더 많은 사실을 알게 되었다. 1990년대에는 멀리 떨어진 별의 주위를 돌고 있는 다른 행성들도 발견했다. 갈릴레이가 들었다면 입을 다물지 못했겠지. 그런데 그게 전부가 아니다!

1970년대에 천문학자들은 블랙 홀을 발견했다. 블랙 홀은 수명을 다한 별이 자기 중력에 끌려서 그 속으로 무너져 내리는 천체이다. 그 중력은 아주 강해서 빛조차 빠져 나올 수 없다. 천문학자들은 실제로 블랙 홀을 볼 수는 없지만, 가스가 그 구멍 속으로 빨려 들어갈 때 방출되는 X선은 탐지할 수 있다.

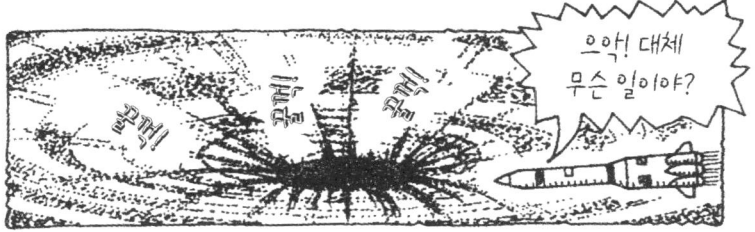

블랙 홀은 우주의 거대한 배수구와 같다. 그 중력이 너무 세기 때문에 거기에 빨려 들어가는 것은 무엇이든 끔찍한 종말을 맞이한다.

중력이 어찌나 센지 우주선의 앞쪽과 뒤쪽에 미치는 힘에 큰 차이가 나며, 그 때문에 우주선이 길게 잡아 늘여져 찢어진다.

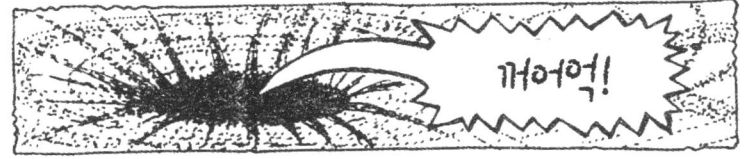

블랙 홀이 지니고 있는 가장 흥미로운 성질들 중 일부를 영국의 과학자 스티븐 호킹(Stephen Hawking)이 새로이 밝혀 냈다. 예를 들면, 1971년에 그는 수학 계산을 이용해 빅 뱅 초기에 아주 작은 블랙 홀들이 많이 만들어졌을 것이라고 추측했다. 그리고 1974년에는 블랙 홀이 열을 잃을 수도 있다는 사실을 보여 주었다.

★ 요건 몰랐을걸!

호킹은 근육이 파괴되는 병 때문에 장애자가 되어 휠체어에서 한 발자국도 움직일 수 없다. 합병증으로 성대 제거 수술까지 받아 이제 말을 할 수도 없다. 대신, 그는 글자를 쳐서 컴퓨터에 입력해 화면으로 나타내거나, 컴퓨터 코드를 소리로 바꾸는 음성 합성 장치를 통해 말을 한다. 그럼에도 불구하고, 호킹은 세계적인 유명인이자 베스트셀러 작가이며, 팝 뮤직 비디오와 공상 과학 영화 '스타트렉'의 한 편에 출연하기까지 했다.

자, 어때? 여러분도 허블이나 호킹처럼 천문학을 연구하는 과학자가 되고 싶지 않은가? 잘 모르겠다고? 그럼, 고민하는 동안 다음 장을 읽어 보라. 다음 장에는 완전히 다른 과학 분야와 아주 색다른 과학자들이 등장하니까.

제 4부

고생고생 화학자

연기만 피운 연금술사들

고인돌 가족은 마치 모래밭에 들어간 어린아이처럼 주변의 다양한 물질을 보고 가슴이 콩콩 뛰었다. 동굴 벽화를 그릴 물감의 재료가 되는 여러 가지 색의 흙과 돌을 보고 말이다. 이것은 당시로서는 가장 따끈따끈한 새로운 발견이었다. 고인돌 부인은 카탈로그를 주문했다….

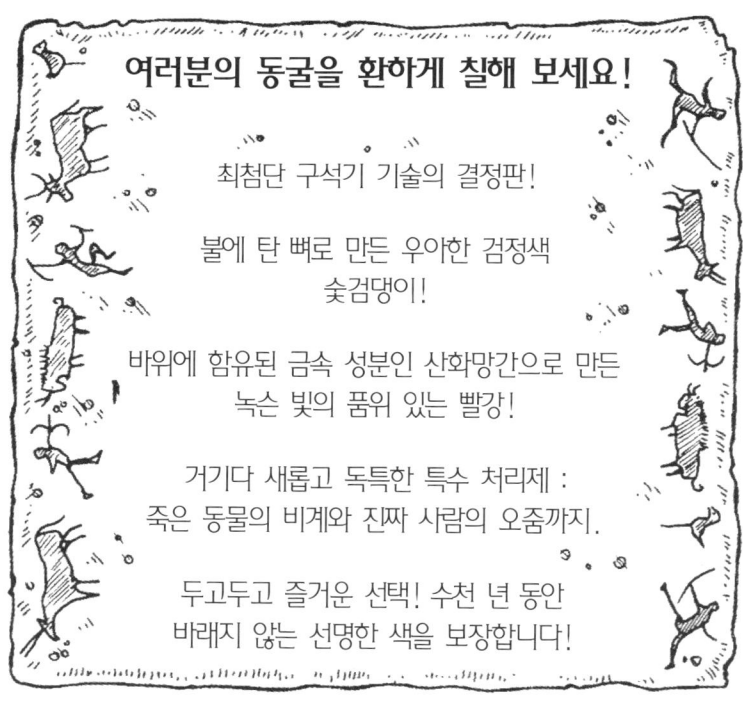

여러분의 동굴을 환하게 칠해 보세요!

최첨단 구석기 기술의 결정판!

불에 탄 뼈로 만든 우아한 검정색 숯검댕이!

바위에 함유된 금속 성분인 산화망간으로 만든 녹슨 빛의 품위 있는 빨강!

거기다 새롭고 독특한 특수 처리제 : 죽은 동물의 비계와 진짜 사람의 오줌까지.

두고두고 즐거운 선택! 수천 년 동안 바래지 않는 선명한 색을 보장합니다!

이런 안료들은 시행착오를 거쳐 발견되었다. 초기 인류는 별 어려움 없이 화학 물질들을 과학적으로 연구하지 않았을까 생각하기 쉬울 것이다. 그러나 그렇지 않다. 화학은 한참 뒤에야 등장하니까(아리스토텔레스조차도 화학에 관한 글은 쓰지 않았다). 그 대신에 기묘하고 신비로운 '과학'이 있었다.

연금술의 탄생

연금술사는 납처럼 값싼 금속을 번쩍번쩍 빛나는 금으로 바꾸려고 했던 사람들이다. 그렇다, 이 사람들은 과학적 호기심보다는 탐욕에 이끌려 연금술을 연구했다.

따분한 역사학자의 말참견 …

> 연금술사는 고대 그리스, 인도, 중국 등지에 있었죠. 우리 역사학계에서는 중국의 연금술은 서양과는 다르게 독자적으로 개발된 것으로 봅니다. 그들은 목적이 약간 달랐기 때문이죠. 그들은 마시면 영생을 얻을 수 있는 특수한 종류의 금을 발견하려고 했습니다. 연금술은 교역의 발달과 함께 그리스와 인도로 퍼져 나간 것으로 보이는데, 어디서 시작되었는지는 아무도 모릅니다.

시간 낭비?

연금술사들은 금으로 변하게 하는 마법의 혼합 비율을 찾으려고 여러 종류의 금속을 가열하고 혼합하면서 긴 세월을 보냈다. 사실, 당시의 연금술 선생님은 실험을 가르친다기보다는 마법의 주문을 중얼거렸을 것이다. 그게 더 재미있겠다고? 그러나 이 모든 것은 시간 낭비가 아닐까? 그렇다, 오늘날 여러분이 받고 있는 과학 수업보다 훨씬 지겨운 시간 낭비였다!

따분한 과학자의 말참견 …

오늘날 과학자들은 모든 물질이 원자로 이루어져 있다는 사실을 알고 있어요. 금 원자는 질량과 전자의 수가 납 원자와 다르기 때문에 금과 납은 서로 다른 것이죠. 그 당시 연금술사들의 기술로는 납 원자를 금 원자로 바꾼다는 것은 절대로 불가능한 일이었지요.

연금술 : 좋은 점

연금술사들의 꿈은 비록 바퀴 없는 자전거처럼 쓸모없는 것이었지만, 그들은 흥미로운 발견을 상당히 많이 이루었다. 그 예로 아랍의 연금술사 자비르(721~815)는 식초를 끓여 초산이라는 강한 산을 만드는 법을 알아 냈다. 그러나 그가 이룬 가장 위대한 발견은 바로 소변을 가열해 암모니아를 만들어 낸 것이다. 그 밖에도 연금술사들은 화학 물질을 건조시켜 결정을 만드는 방법을 알고 있었다. 그리고 증류에 관해서도 알았다.

알쏭달쏭한 표현

증류라니? 이것도 소변과 관계가 있을까?

> 담(鍊金)술: 값싼 금속에 들어 있는 불완전한 물질을 없애고 좋은 물질로 바꿈으로써 그 값싼 금속을 완벽한 금속인 금이나 은으로 바꿔놓는 재주. 그 방법은 대체로 이러했다. 금을 만들기 위해서는 우선 용광로에 불을 때서 온갖 물질들을 섞어 녹여야 한다. 혼합물이 용광로 바닥에 가라앉으면 거기서 금을 뽑아내기만 하면 된다. 아니, 물질들이 다 녹는 동안 기다릴 수도 있다. 아니, 물질이 바닥에 가라앉을 용기가 녹아 버릴 때까지 기다릴 수도 있다.

서기 1세기에 이집트 알렉산드리아에 살았던 유대인 여자 연금술사 마리아는 후대의 과학자들이 사용하게 될 장비를 발명했다. 화학 물질을 일정 온도로 서서히 끓일 수 있는 가열기와 화학 물질을 증류하는 용기를 고안했던 것.

그러나 연금술에는 어두운 면도 있었다.

연금술 : 나쁜 점

연금술이란 게 사실 나무에서 물고기를 구하는 짓이었기 때문에 속임수의 유혹에 솔깃한 연금술사들도 있었다. 다음에 나오는 이들이 그런 사기꾼이었는데….

수사반장 골드의 수사 기록

15년 동안 나는 이른바 '연금술사'라는 무자비한 악당들의 비밀 조직을 추적해 왔다. 나는 여기에 이 악당들이 사용한 술수들을 기록해 두고자 한다.

그 동안 만났던 악당 중 가장 충격적인 사기꾼은 바르바라 황후였다.

➤ 뒤에 계속됨

이름: 바르바라
지위: 전 신성 로마 제국 황제의 부인

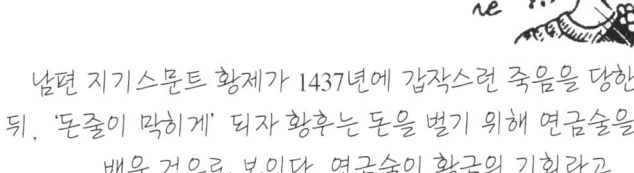

남편 지기스문트 황제가 1437년에 갑작스런 죽음을 당한 뒤, '돈줄이 막히게' 되자 황후는 돈을 벌기 위해 연금술을 배운 것으로 보인다. 연금술이 황금의 기회라고 생각한 게 분명하다. 나의 비밀 정보원 라스의 요한이 바르바라 황후를 찾아 갔는데, 황후가 가짜 금과 은을 만드는 방법을 보여 주었다.

라스의 요한

제가 본 것은 속임수와 거짓뿐이었기에 그 여자를 꾸짖었습니다. 그 여자는 저를 감옥에 집어넣으려 했지만, 신의 도움으로 가까스로 빠져 나왔습니다.

그 금은 노란색 사프란꽃 약물을 들인 철에 일종의 구리와 여러 화학 물질을 섞어서 만든 것이다. 가짜 은에는 수은이나 비소 같은 독이 포함되어 있다.

분명 이 여자는 사회의 위험 인물이다. 백성들은 항상 가짜 금과 은을 조심해야 할 것이다. 그렇지만 이 세상에 금만큼 좋은 것도 없지.

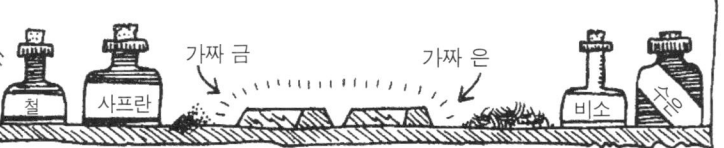

철 / 사프란 / 가짜 금 / 가짜 은 / 비소 / 수은

연금술이 허황된 것이라는 사실이 증명되기까지는 오랜 세월이 걸렸다. 한편 1661년, 베이컨의 저서에 영감을 얻은 로버트 보일(Robert Boyle ; 1627~1691)이라는 화학자는 화학 물질에 대한 새로운 이론을 주장했다(증명하진 못했지만).

진상 조사 X-파일: 원소와 화합물

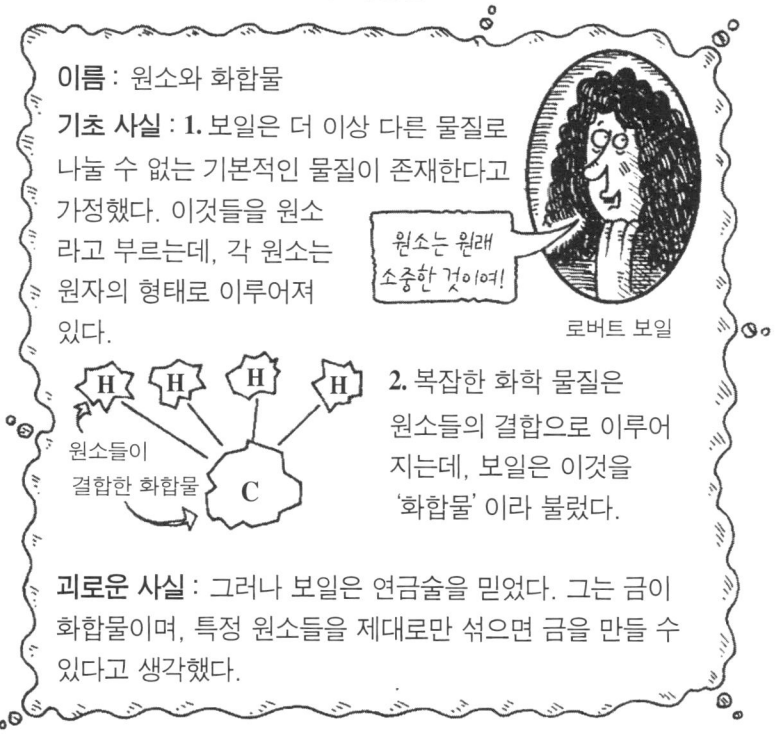

이름 : 원소와 화합물

기초 사실 : **1.** 보일은 더 이상 다른 물질로 나눌 수 없는 기본적인 물질이 존재한다고 가정했다. 이것들을 원소라고 부르는데, 각 원소는 원자의 형태로 이루어져 있다.

원소는 원래 소중한 것이여!

로버트 보일

원소들이 결합한 화합물

2. 복잡한 화학 물질은 원소들의 결합으로 이루어지는데, 보일은 이것을 '화합물'이라 불렀다.

괴로운 사실 : 그러나 보일은 연금술을 믿었다. 그는 금이 화합물이며, 특정 원소들을 제대로만 섞으면 금을 만들 수 있다고 생각했다.

적어도 보일은 과학자들에게 좀더 과학적인 방법으로 화학 물질들을 혼합하라고 충고했다. 그럼으로써 그는 화학이라는 새로운 과학 분야를 세웠다. 그런데 초기의 위대한 화학자 중에 60년 동안 숨어서 산 사람이 있다는 사실을 알고 있는지?

모른다고? 그렇지만 다음 장을 읽으면 여러분도 알게 될 것이다.

괴짜 화학자, 캐번디시

여러분이 1760년에 런던 거리를 거닐고 있다고 상상해 보자. 혹시 운이 좋다면, 똑똑하지만 수줍음이 많아 은둔 생활을 했던 한 과학자를 용케 찾을 수 있을지 모른다. 찾은 사람?

아니, 그 사람은 벌써 가 버렸다.

그런데 그 사람은 왜 그렇게 남의 눈을 피하려고 했을까?

명예의 전당 : 헨리 캐번디시 (Henry Cavendish; 1731~ 1810) 국적 : 영국

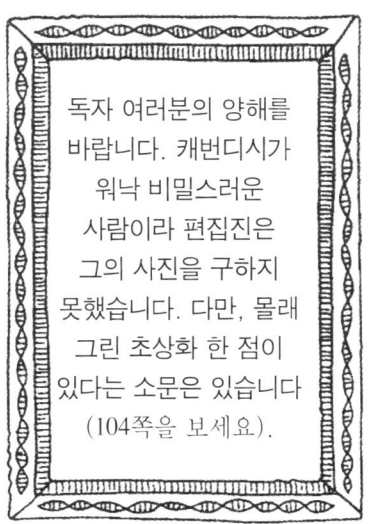

독자 여러분의 양해를 바랍니다. 캐번디시가 워낙 비밀스러운 사람이라 편집진은 그의 사진을 구하지 못했습니다. 다만, 몰래 그린 초상화 한 점이 있다는 소문은 있습니다 (104쪽을 보세요).

헨리 캐번디시는 부자였다. 그것도 아주 큰 부자. 요즘으로 치면 1000억 원이 훨씬 넘는 돈을 가지고 있었으니까. 아버지는 상원 의원, 친할아버지는 데번셔 공작, 외할아버지는 켄트 공작이었다(공작이 귀족 서열 중 최고라는 건 알지?). 그러니 헨리는 처음부터 근사한 일류 학교에 들어갔고, 용돈도 넘치도록 받았다.

그러나 돈이 무조건 행복을 가져다 주지는 않는 법. 두 살 때 어머니가 세상을 뜨자, 어린 헨리는 점점 수줍음이 많아지고 고독해졌다. 그는 케임브리지 대학에 들어갔으나, 학위를 받기 전에 학교를 그만두었다. 멍청해서 그런 것은 아니었다. 그는 이미 과학에 상당한 재능을 보였다. 실은, 사람들 앞에서 말하는 게 두려웠기 때문이다(당시에 학위를 받으려면 교수들 앞에서 까다로운 질문에 답해야 했다).

그는 나머지 생애를 거의 집에 틀어박혀 과학 실험을 하면서 지냈고, 사람들과 말하는 법도 없었다. 물론 언론사의 인터뷰에도 응하지 않았다. 그렇지만 우리가 누구인가? 이 세상의 누구라도 끝까지 추적해서 그 비밀을 파헤치는 톱스타 잡지사의 전문가를 보내 마침내 캐번디시를 취재하는 데 성공했다!

☆ 톱스타 잡지 ☆

은둔의 과학자 헨리 캐번디시

— 낸들 안들 기자 —

이번 주 톱스타 잡지에서는 속세를 등진 채 과학에 몰두하고 있다는 전설적인 억만 장자 헨리 캐번디시의 저택 탐방기를 독점 게재한다.

무려 2년이 걸려 만난 그가 취재에 응한 것은 본지가 하늘의 스타(별)를 다루는 과학 잡지인 줄 오해했기 때문이다. 그가 입을 여는 유일한 화제는 과학뿐이며, 그것도 몇몇 과학자 친구들에게만 한정돼 있다.

굉장한 부자인데도 불구하고, 캐번디시는 검소한 생활을 하면서 돈을 쓰는 일이 거의 없다.

그는 하인들에게 말하는 것조차 좋아하지 않아서 먹고 싶은 저녁 반찬 같은 건 대개 메모로 전한다.

하인들이 본지에 몰래 귀띔해 준 바에 따르면, 한번은 어느 하녀가 캐번디시와 마주쳤다고 한다. 그 때, 다른 사람의 눈에 띈 그는 몹시 화가 나서 그 자리에서 그 하녀를 해고했다. 그리고는 다른 사람의 눈에 띄지 않고 오르내릴 수 있도록 전용 계단을 만들었다.

해고된 하녀

캐번디시는 취재진을 클래펌의 전용 실험실로 안내한 다음, 과학에 관한 이야기를 했다. 그렇지만 취재진은 도대체가 알 수 없는 이야기였다. 그의 목소리는 높고 떨리고 있었으며, 혹시 누가 그를 볼까 봐 불안해했다. 사실, 그는 어떤 방에 들어갈 때마다 모두에게 그 곳에서 나가라는 신호로 요란하게 쿵쿵거린다. 이 초상화도 다른 사람의 눈에 띄지 않는 곳에서 비밀리에 그려야 했다.

이 초상화에서 캐번디시는 평소에 즐겨 입는 보라색 벨벳 옷을 입고 있다. 다른 옷은 절대 입지 않는 것으로 보인다. 다행히도, 음식의 기름기나 화학 물질 찌꺼기 같은 것은 별로 묻어 있지 않다.

그 밖의 괴짜 과학자들

여러분이 알고 있는 괴짜 과학자가 있는지? 여러분의 과학 선생님은 어때? 선생님에게 특이한 버릇은 없는가? 어쩌면 선생님은 골똘히 생각할 때, 손가락 마디를 꺾거나 슈퍼마켓용 손수레를 타거나 가로등 기둥에 충돌할지도 모른다.

혹시 여러분의 선생님이 미친 과학자의 이미지에 딱 들어맞는 건 아닐까? 만약 여러분이 과학자가 되기로 했다면, 다음과 같은 행동을 할 수 있겠는가?

여기 몇 가지 간단한 예가 있다….

제1과

자전거를 타고 학교 복도를 달린다.

알아 두어야 할 사실:

만약 그러다가 퇴학당해도 내 책임은 아니다, 알았지?

영국의 과학자 에드가 에이드리언(Edgar Adrian ; 1889~1977)은 케임브리지 대학의 자기 실험실에서 이런 짓을 했다. 그러나 그는 흥분할수록 신경 신호가 강해진다는 사실을 발견했으며, 1932년에 노벨상까지 받았다. 그래서 약간 괴팍해도 사람들이 참아 주었다.

제2과

과학에 대한 관심을 가지고 끔찍한 것들을 먹는다.

그래, 여러분이 이미 학교 급식을 먹고 있다는 건 나도 알지만, 이건 더욱 끔찍하거든. 한번은 누군가가 영국의 지질학자 윌리엄 버클랜드(William Buckland ; 1784~1856)에게 미라로 변한 프랑스 왕 루이 16세의 심장을 보여 주었다. 세월이 흐르면 암석이 층을 이루어 쌓인다는 사실을 발견한 것으로 유명한 버클랜드는 때마침 배가 고팠다. 그는 "왕의 심장을 대접받은 건 처음이야!"라고 소리치고는 그 끔찍한 유물을 씹기 시작했다.

제3과

이상한 옷을 입고 학교에 간다.

스코틀랜드의 과학자 윌리엄 머독(William Murdock ; 1754~1839)은 석탄으로 가스를 만드는 방법을 발견한 사람이다. 그런데 그는 면접 시험을 볼 때, 집에서 만든 나무 모자를 쓰고 나갔다.

생물학자인 허버트 스펜서(Herbert Spencer ; 1820~1903)는 아기 우주복 같은 원피스를 입었다. 물론 이런 짓을 하더라도, 선생님이 여러분의 천재성을 못 알아본다면, 부모님께 보내는 기분 나쁜 편지와 함께 여러분은 집으로 돌아가야 하겠지.

다시 캐번디시 이야기로 돌아가자. 그 비밀스런 실험실에서 그가 몰두했던 문제는 무엇일까?

캐번디시의 비밀 노트

캐번디시의 비밀 연구 노트를 입수했다고 상상하자. 그 노트에는 아마 이런 내용이 적혀 있었을 것이다.

나의 실험 노트
~ 헨리 캐번디시 ~
하인이나 어느 누구도 보아서는 안 됨!

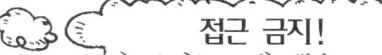
접근 금지!

그 동안 혼자서 연구하면서 나는 새로운 기체들을 발견했다. 1766년, 나는 대리석에다 산을 부어 보았다. 거기서 발생한 기체를 '고정된 공기'라고 이름지었다.

> **따분한 과학자의 말참견…**
> 이 기체는 오늘날 이산화탄소(CO_2)라고 부르는 것이다. 이산화탄소는 탄산 음료에 공기 방울을 집어 넣을 때나 일부 소화기에 사용된다.

그 다음, 나는 철에도 약간의 산을 떨어뜨려 보았다. 이번에는 다른 기체가 발생했다. 그 기체는 공기보다 가벼운 것 같았고 아주 잘 탔으므로 나는 그것을 '불 공기'라고 이름지었다. 내 생각에는 우리 주변의 공기에는 불 공기가 들어 있는 것 같다.

> **따분한 과학자의 말참견…**
> 또 끼어들어서 미안! 이 기체는 수소라고 부르는 것이다. 실제로 수소는 공기 중에서 발견되며, 태양 같은 별 속에도 있다. 수소는 여러분이 빵에 발라 먹는 마가린에 첨가되는데, 기름을 굳혀 버터처럼 만드는 역할을 한다. 또한, 달에 가는 로켓에 사용하는 폭발성 로켓 연료를 만드는 데에도 쓰인다.

1784년~ 새로운 '불 공기' 실험에 관한 구상을 떠올렸다. 우선 돼지 오줌보를 구한다(우웩! 할 수 없이 하인들에게 대신 그것을 씻어 달라는 메모를 남겨야 했다. 어쨌든 그들에게 말을 걸지는 않을 것이다, 그치?).

다음으로 그것을 튼튼한 유리병에 집어넣고, 오줌보 속에 '불 공기'를 $\frac{2}{3}$, 산소를 $\frac{1}{3}$만큼 채웠다(산소 역시 공기 중에 들어 있는 기체이다). 이제 오줌보 입구에 촛불로 불을 붙이고 뚜껑을 덮는다….

아, 이런! 발자국 소리가 난다. 큰일이다! 누군가 이 곳으로 오고 있다!

콰콰쾅!

휴, 다행이다. 지나가던 하녀였는데, 폭발 소리에 겁을 먹고 달아났다! 불꽃이 불 공기를 폭발시켰다. 오줌보는 산산조각나고, 유리병 안쪽에는 뿌연 김이 서렸다. 이 축축한 건 뭐지? 오줌인가? 오줌보를 잘 씻으라고 했을 텐데! 그래, 맛을 보고 알아 내는 게 좋겠다. 후루룩, 쩝쩝… 물이다! 그렇다면 물은 '불 공기' 2와 산소 1로 이루어져 있다는 이야기가 된다.

> **따분한 과학자의 말참견…**
> 또 끼여들어 미안! 이번에도 캐번디시가 맞았다. 실제로 물 분자는 수소 원자 2개와 산소 원자 1개로 이루어져 있다.

직접 해 보는 실험 : 이산화탄소를 만들어 보자

준비물 : 오렌지 주스 반 컵, 베이킹 파우더 한 찻숟가락

실험 방법 :

베이킹 파우더를 주스에 넣고 잘 섞는다.

어떤 결과가 나올까?

a) 주스가 녹색으로 변한다.
b) 주스에서 거품이 일기 시작한다.
c) 주스가 따뜻해진 것 같은 느낌이다.

답 : b) 이 거품이 공룡을 죽게 한 독가스, 이산화탄소이다. 베이킹 파우더에 들어있는 탄산나트륨 수 있다. 거기에서 이산화탄소가 생겨나는 것이다. 물론, 공기 중에도 이산화탄소가 있지만 많지는 않다.

캐번디시는 수줍음이 많아서 자기가 발견한 많은 것들을 누구에게도 말하지 않았다. 그의 발견은 100년 후에 제임스 클러크 맥스웰(James Clerk Maxwell ; 1831~1879)이 우연히 캐번디시의 노트를 보면서 빛을 보게 되었다. 그러나 그 때에는 이미 다른 과학자들이 똑같은 것을 발견하여 그 영광을 차지한 뒤였다. 그런데 다음 장에 등장하는 과학자의 운명도 이와 비슷하다. 그러나 캐번디시와는 달리, 그가 영광을 놓친 것은 나서기 싫어해서가 아니라 운이 나빴기 때문이다. 역대 과학자들 중 가장 운이 나쁜 사람이었으니까!

그러니 화장지 한 상자를 준비하고 계속 읽도록….

불운의 과학자, 셸레

셸레가 세계적인 과학자라는 데에는 의심의 여지가 없다. 문제는 그가 죽고 나서 한참 후에야 제대로 인정을 받았다는 사실이다. 평생 고생만 한 셸레에겐 별로 반가울 게 없었지. 그 고생담이란….

명예의 전당 : 카를 셸레(Karl Scheele : 1742~1786)
국적 : 스웨덴

이 책에 나오는 많은 과학자와는 달리, 셸레는 편안하고 좋은 일자리를 가진 대학 교수가 아니었다. 그는 거의 평생을 보잘것 없는 약제사 조수로 지냈다. 즉, 약을 만드느라 하루 종일 화학 물질들을 섞으며 보내야 했다는 이야기다. 얼마 안 되는 자유 시간에 그는 유일한 취미인 화학을 연구했다.

빛나는 발견

셸레는 1770년대와 1780년대에 잇달아 빛나는 발견들을 이루었다. 허름하고 냄새 나는 추운 방에서 밤늦게까지 연구한 악조건을 생각하면 정말로 믿기 힘든 성과였다. 그 고난 속에서도 그는 다섯 종의 새 원소를 발견했다.

셸레의 발견과 그 쓰임새

이 부분을 더욱 재미있게 하기 위해서, 셸레의 발견 목록에 가짜 원소를 집어넣었다. 여러분은 그것을 찾을 수 있을까?

(물 속에서 염소 냄새를 맡으려고 하지 말 것. 세균이 아니라 여러분이 죽게 된다.)

1 염소(Cl)
쓰임새 : 수영장에 넣는 약품. 여러분의 코를 자극하는 냄새를 풍긴다. 세균을 죽이기 위해 넣는 것인데, 똑같은 이유로 여러분이 마시는 수돗물에도 첨가된다.

2 바륨(Ba)
쓰임새 : X선 사진에 나타나는 금속. 바륨이 함유된 기분 나쁜 맛의 화학 약품을 환자에게 먹이면, 바륨이 X선 사진에서 내장의 윤곽을 나타낸다.

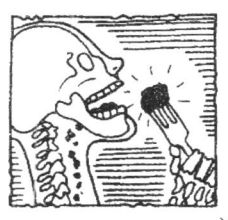

3 밈블레린(Mr)
쓰임새 : 강력 살균 물질. 냄새가 특히 심한 하수구에 뿌린다.

4 망간(Mn)
쓰임새 : 강철이나 알루미늄 금속의 강도를 높이기 위해 첨가한다. 여러분의 차에도 들어 있을지 모른다.

5 몰리브덴(Mo)

쓰임새 : 윤활유에 첨가한다. 윤활유란, 자전거 체인이 삐걱거리지 말라고 치는 기름을 유식하게 일컫는 말이다.

6 질소(N)

쓰임새 : 아주 낮은 온도의 질소는 시체를 보관할 때 쓰인다. 어떤 사람들은 미래에 다시 살아날 수 있다는 희망에서 이 방법으로 자기 시체를 보존하기 위해 많은 돈을 지불하기도 한다. 질소는 폭발물이나 염료의 원료가 되기도 한다.

답 : 3번

그 밖의 발견

셸레는 또 '셸레의 녹색 염료'를 발견했다. 이것은 구리와 독성 비소가 포함된 녹색 염료를 말한다. 그리고 동물 뼈에서 비료의 성분인 인(P)을 추출하는 방법도 알아 냈다. 그 때까지만 해도 인은 사람의 오줌에서만 구할 수 있었다.

그러나 셸레는 위대한 발견을 하고서도 아무런 영예도 얻지 못했다. 그 진상이 보도됐다면, 아마 이런 내용이 아니었을까?

과학과 과학자 신문

1775년 9월 21일

도둑맞은 발견!

과학자 카를 셸레는 유명한 두 과학자가 자신의 발견을 훔쳤다고 비난하고 나섰다.

"4년 전의 일입니다." 셸레는 그 사연을 이렇게 털어놓았다.

카를 셸레

"전 산화수은이라는 화학 물질을 가열하다가 새로운 기체를 발견했지요. 전 그걸 '불공기'라고 이름지었습니다. 그 기체 속에서는 물체가 잘 탔거든요."

그는 한 책에서 이 기체를 다루었다고 주장하지만, 그 책은 아직 출간되지 않았다. 셸레는 툴툴거렸다.

프리스틀리   라부아지에

"그런데 그 뻔뻔스런 영국인 조지프 프리스틀리와 프랑스인 앙투안 라부아지에는 자기네가 그 기체를 발견했다고 뽐내면서 산소라고 부르고 있더군요. 사실, 전 제 발견에 관해 라부아지에에게 편지까지 썼다구요! 내 기체로 허풍 떠는 짓 좀 그만하라고요. 난 이제 다 털렸어요, 정말이에요."

따분한 역사학자의 말참견…

셸레의 책은 1777년까지 출판되지 못했어요. 스웨덴의 유명한 과학자 토베른 베리만 (Tobern Bergman ; 1735~1784)이 그 때까지 책의 머리말을 써 주지 않았기 때문이죠.

따분한 과학자의 또 말참견 …

오늘날 산소는 병원에서 호흡 곤란을 겪는 환자들에게 숨을 잘 쉬게 하는 데 쓰입니다. 잠수부나 우주 비행사는 산소통이 없으면 곧 죽게 되죠. 산소는 또 용접에도 쓰이는데, 불에 잘 타는 기체인 아세틸렌과 섞여 뜨거운 불꽃을 냅니다.

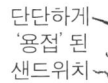
단단하게 '용접' 된 샌드위치

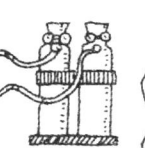
두 기체가 섞이는 곳

알아 두어야 할 사실

유명한 과학자가 되려면 새로운 과학 법칙을 발견하는 것만으로는 부족하다. 다른 누군가가 입을 뻥긋하기 전에 여러분의 발견을 세상에 떠들어 여러분 것으로 인정받기 위해서는 목소리 큰 사람이 되어야 한다.

큰 실망

게다가, 셸레에겐 정말 나쁜 버릇이 있었다. 그는 자신이 발견한 화학 물질들을 빠짐없이 맛보고 냄새를 맡았다. 사실, 이것은 초기의 화학자들에겐 흔한 버릇이었다.

☠ 오싹오싹 죽음의 경고!

위험한 화학 물질은 코에 대고 냄새 맡거나 맛을 보아서는 절대 안 된다. 그것은 과학 시간이나 집에서 하기에는 아주 위험한 짓이다. 셸레를 본받겠다는 마음에서 그렇게 한다면 그와 똑같은 운명을 맞이할 것이다. 어떤 운명이냐고? 제 명에 못 죽는 거지 뭐. 셸레는 시안화수소 같은 맹독성 물질을 발견했다. 이런 물질들을 함부로 취급한 것과 과로가 원인이 되어 그는 43세라는 한창 나이에 때이른 죽음을 맞았다.

그 밖의 운 나쁜 화학자들

그렇지만 운이 나쁜 화학자는 비단 셸레뿐이 아니었다.

1. 1848년, 독일의 로베르트 폰 마이어(Robert von Mayer ; 1814~1878)는 화학 물질들이 혼합되어 새로운 물질이 만들어질 때, 그 화학 물질들이 에너지를 얻거나 잃지는 않는다는 주장을 펼쳤다. 이것은 옳은 주장이었으나 좀처럼 인정받지 못했다. 마이어는 실의에 빠져 몇 년간 정신 병원 신세를 졌다.

2. 1858년, 스코틀랜드의 화학자 아치볼드 쿠퍼(Archibald Couper ; 1831~1892)는 파리에서 공부하던 중에 벤젠의 원자 배열을 밝혀 냈다(이 물질은 나중에 공업용 염료로 사용된다).

그러나 이 발견을 미처 발표하기도 전에 독일의 프리드리히 케쿨레(Friedrich Kekulé ; 1829~1896)가 똑같은 발견을 해서 명예를 독차지했다. 쿠퍼는 가슴을 치다가 미쳐 버렸다. 결국 그는 정신 병원에 갇히는 신세가 되었다.

3. 1783년, 재능 있는 프랑스 화학자 니콜라 르블랑(Nicolas Leblanc ; 1742~1806)은 프랑스 과학 아카데미가 공모한 문제(소금에서 소다 만들기)에서 우승했다. 소다는 비누를 만드는 데 없어서는 안 될 성분이었으므로 르블랑은 때돈, 아니 떼돈 벌 기대에 부풀었다.

그러나 인색한 과학 아카데미는 상금을 주지 않았고, 1806년에 르블랑은 아주 궁핍해졌다. 그는 실의에 빠져 스스로 목숨을 끊었다.

이번에 소개한 과학자들은 패배자의 운명을 타고난 사람들이었다. 그런데 다음 장에는 목이 잘린 불행한 과학자의 이야기가 나온다. 궁금하면 어서 다음 장으로 넘어가도록….

비운의 화학자, 라부아지에

라부아지에가 셸레의 산소 발견의 업적을 '가로챘는지는' 모르지만, 누가 봐도 그는 위대한 과학자였다. 그리고 일생의 대부분은 그럭저럭 운도 괜찮은 편이었다. 그는 돈도 많고 행복했으며, 어느 정도 성공도 거두었다. 그러나 거기서 일이 꼬이기 시작했다.

그것도 아주 지독하게.

명예의 전당 : 앙투안 라부아지에(Antoine Lavoisier : 1743~1794) 국적 : 프랑스

파리의 부유한 변호사의 아들로 태어난 라부아지에는 훌륭한 법률 교육(아버지의 기대에서)과 과학 교육(본인의 관심에서)을 받았다. 그는 프랑스 과학 아카데미 회원이었으며, 파리의 상수도 공급에 관한 보고서 등 따분한 문제를 연구했다.

창조적인 화학

- 1772년, 그는 모든 화학 물질이 온도에 따라 기체, 액체, 고체 상태로 존재할 수 있음을 알았다. 물을 예로 들어 보자.

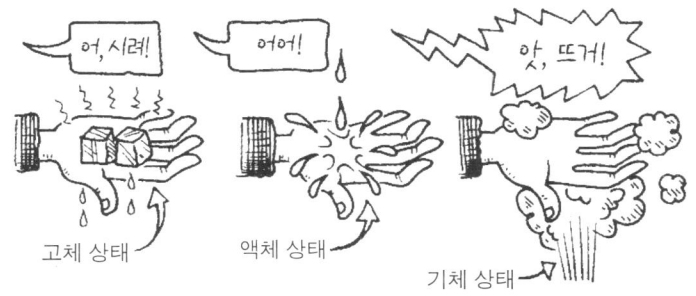

- 1770년대에 그는 녹이 슬 때에나 불이 탈 때, 산소가 필요하다는 사실을 발견했다. 화학자들은 이런 화학 반응을 산화 반응이라고 부른다.
- 그는 또 물이 산소와 수소로 이루어져 있음을 증명했다(캐번디시가 벌써 증명했지만, 아직 아무한테도 말하지 않았거든).
- 가장 중요한 업적은, 자기가 사용하는 모든 화학 물질들의 무게를 아주 정확히 재고, 모든 실험을 정확하게 기록해야 한다고 고집한 것이다.

옛날 화학자들은 정확하게 실험을 하지는 않았다. 그래서 흥미로운 갈색 액체가 새로운 화학 반응의 결과인지 아니면 황당한 실수에서 나온 결과인지 확인하기가 힘들었다.

세금 징수인들에 대한 테러

1768년, 라부아지에는 세금 징수 회사의 대표가 되었다. 회사는 번창했지만, 세금 징수인은 별로 인기가 없었다(돈을 거둬 가는 사람을 누가 좋아하겠어?). 그런데 프랑스 혁명이 일어나자 세금 징수인들은 공금을 착복했다는 누명을 쓰게 되었다. 1793년, 라부에지에는 체포되어 감옥에 갇혔다.

선생님을 골려 주는 질문

라부아지에에게 씌워진 또 다른 죄목은 무엇일까?
a) 어린 아이들을 노예로 부렸다.
b) 담배에 위험한 화학 물질을 첨가해 사람들을 아프게 만들었다.
c) 심한 감기에 걸렸을 때, 프랑스 국기로 코를 풀었다.

답 : b) 이 혐의에는 정당한 근거가 없었다. 그러나 1793년 당시 프랑스에서는 증거 없이 사형당하는 일이 흔했다.

라부아지에의 아내 마리 안은 남편을 구하려고 애썼다. 그녀는 앙투안 푸르크루아(Antoine Fourcroy : 1755~1809)를 비롯해 남편이 알고 지내던 모든 동료 과학자들에게 편지를 보냈다.

그 편지는 아마 다음과 같은 내용이었을 것이다.

앙투안 푸르크루아 귀하
1793년 12월 31일

친애하는 앙투안,
　제발 도와 주세요. 우리 남편의 목숨을 제발 살려 주세요. 그이는 과학 아카데미로 몸을 피했다가 감옥에 갇혔어요. 그이는 끔찍한 위험에 처했고, 전 재산과 과학 논문들은 모두 압류당했답니다.
　앙투안, 당신은 우리 그이와 화학 실험을 같이 한 사이예요. 그이가 배신자가 아니라는 건 앙투안이 잘 알잖아요. 그이가 백성들에게 애정을 기울였고, 또 농업을 개선하려고 실험 농장을 구상했고, 노인 연금 등 가난한 사람을 위한 계획을 지지했다는 것도 잘 아시잖아요. 어머, 제가 두서없이 늘어놓았군요. 너무 두렵기 때문이에요. 우리 부부의 유일한 희망은 제발 프랑스의 모든 과학자들이 정부에 항의해 줬으면 하는 거예요.
　꼭 도와 주실 거죠?

절망에 빠진
마리 안 라부아지에

그래서 푸르크루아는 어떻게 했을까?

a) 자신의 오랜 친구를 위해 프랑스 정부에 강력히 항의했다.
b) 과학자들의 항의 시위를 계획했다.
c) 아무것도 하지 않았다.

> 답: (ㄷ) 푸르크스아를 미국에 데리고 가는 등 과학자였던 그는 혁명에도 동의하지
> 않았지만 그는 그리고 받아들여 대신 감옥이나 시 쓰기 드 그리로 모든 일을
> 꾀하였기 때문이다.

1794년 5월 7일, 라부아지에는 마리 안에게 편지를 썼다.

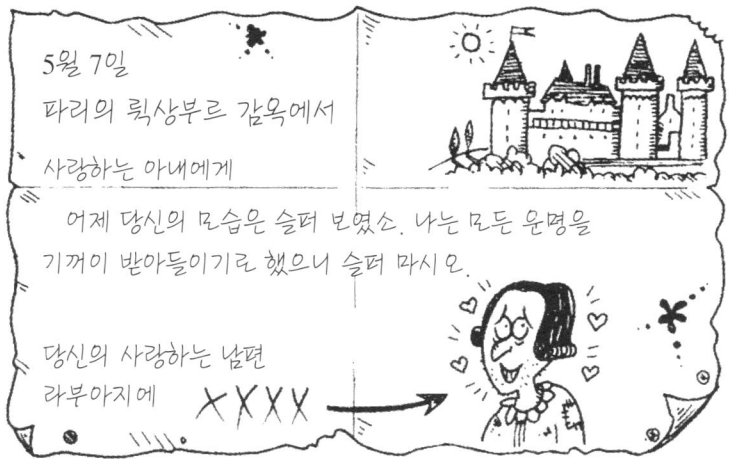

그런 다음, 그는 사촌 오제 드 빌리에르(Augez de Villiers)에게 좀더 격앙된 내용의 편지를 보냈다.

이튿날, 라부아지에는 혁명 법정에서 사형을 선고받았다. 그날 오후, 그와 27명의 세금 징수인들은 덜컹거리며 파리 시내를 지나가는 수레 위에 서 있었다. 그들은 줄에 묶인 채 한 사람씩 차례로 교수대로 올라갔고, 그들의 목은 녹이 슨 단두대의 칼날에 잘려 나갔다. 라부아지에는 내내 꿋꿋하고 침착한 모습을 보이며 마지막 순간까지 동료들을 위로했다.

2년 후, 사람들은 라부아지에의 유해를 묘비 없는 무덤에서 파내어 제대로 장례식을 치러 주었다. 푸르크루아는 거들먹거리며 열변을 토했다.

그러나 마리 안은 그에게 말도 걸지 않았다. 그녀는 푸르크루아를 비롯해 남편을 구하지 못한 과학자들을 평생 용서하지 않았다. 한편, 라부아지에의 많은 업적에 힘입어 발전하기 시작한 화학은 새롭고 흥미로운 발견을 거듭했다. 다음 장을 읽으면 알게 될 것이다….

오늘날의 화학자

만약 라부아지에가 무덤에서 일어나 오늘날의 화학 실험실을 둘러본다면 깜짝 놀랄 것이다(그렇지만 오늘날의 화학자들이 라부아지에의 모습을 봤을 때의 놀라움에 비하면 아무것도 아니겠지. 그가 깜빡해서 머리를 제자리에 붙여 놓지 않았다면 더더욱!).

오늘날의 실험실에서는 몇 시간씩 화학 물질을 섞는 지루한 작업을 로봇이 대신 해 준다. 물질을 가열하는 데에는 전열기를 사용한다.

라부아지에 이후의 화학은 두 분야에서 큰 성과를 거두었다. 원소들에 대한 이해와, 원소들을 결합시켜 새롭고 유용한 물질을 만들어 내는 것이 그것이다.

원소들의 질서를 밝히다

1869년경에 더 많은 원소들이 발견됨에 따라 화학은 꽤나 복잡해졌다. 이 때, 러시아의 화학자 드리트리 멘델레예프(Dmitri Mendeleyev ; 1834~1907)는 원소들을 질량 순서대로, 그리고 다른 원소와 얼마나 잘 결합하느냐에 따라 무리지을 수 있다는 사실을 발견했다. 멘델레예프가 만든 이 표를 주기율표라 부른다. 멘델레예프는 주기율표에 생긴 빈 칸에 대해 그 곳은 아직 발견되지 않은 원소들이 들어갈 자리라고 예언했다. 그건 옳았다. 몇 년 후, 빈 칸에 들어갈 원소들이 발견되었던 것이다.

1920년대에 들어 원자에 대해 더 많은 사실들이 알려지면서 원자들이 서로 결합하기 위해서는 원자 맨 바깥층의 전자 궤도가 전자들로 완전히 채워져야 한다는 사실이 밝혀졌다. 이를 위해서 원자들은 전자를 함께 나누어 가지거나 빌려 줌으로써 서로 결합한다.

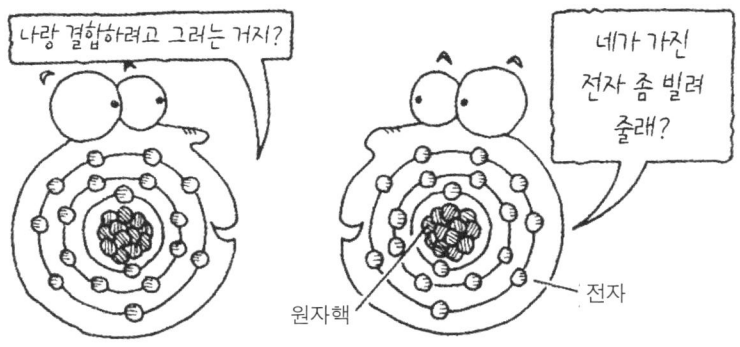

이 지식을 바탕으로 화학자들은 화학 물질을 서로 섞을 때 어떤 물질이 만들어질지 알 수 있다. 현대 화학자들은 나일론이나 테플론 등의 플라스틱 제품 같은 새로운 물질을 수많이 만들어 냈다. 테플론은 아빠가 달걀 프라이를 만들어 줄 때, 찌꺼기가 냄비 바닥에 눌러 붙는 걸 막아 주는 물질이다.

화학자들은 생물학에서도 중요한 업적을 많이 남겼다. 미국의 화학자 라이너스 폴링(Linus Pauling)은 원자 차원에서 화학 반응이 이루어지는 과정을 연구한 전문가였는데, 1940년대에 단백질의 구조를 밝혀 냈다. 단백질은 수천 개의 원자로 이루어진 화합물로, 생물이나 생물에서 얻는 음식, 즉 우유나 치즈에 들어 있는 영양소이다. 우리 몸에서 단백질은 근육을 만드는 재료로 쓰일 뿐만 아니라, 음식의 소화를 돕는 효소의 성분을 이루는 물질이다. 폴링의 업적에 힘입어 많은 화학자들이 이 분야에 뛰어들었다. 이것이 생화학이라는 새로운 과학이다.

생물학 이야기가 나왔으니 말인데, 다음 장에서는 고생하는 생물학자들에 대해 알아보자….

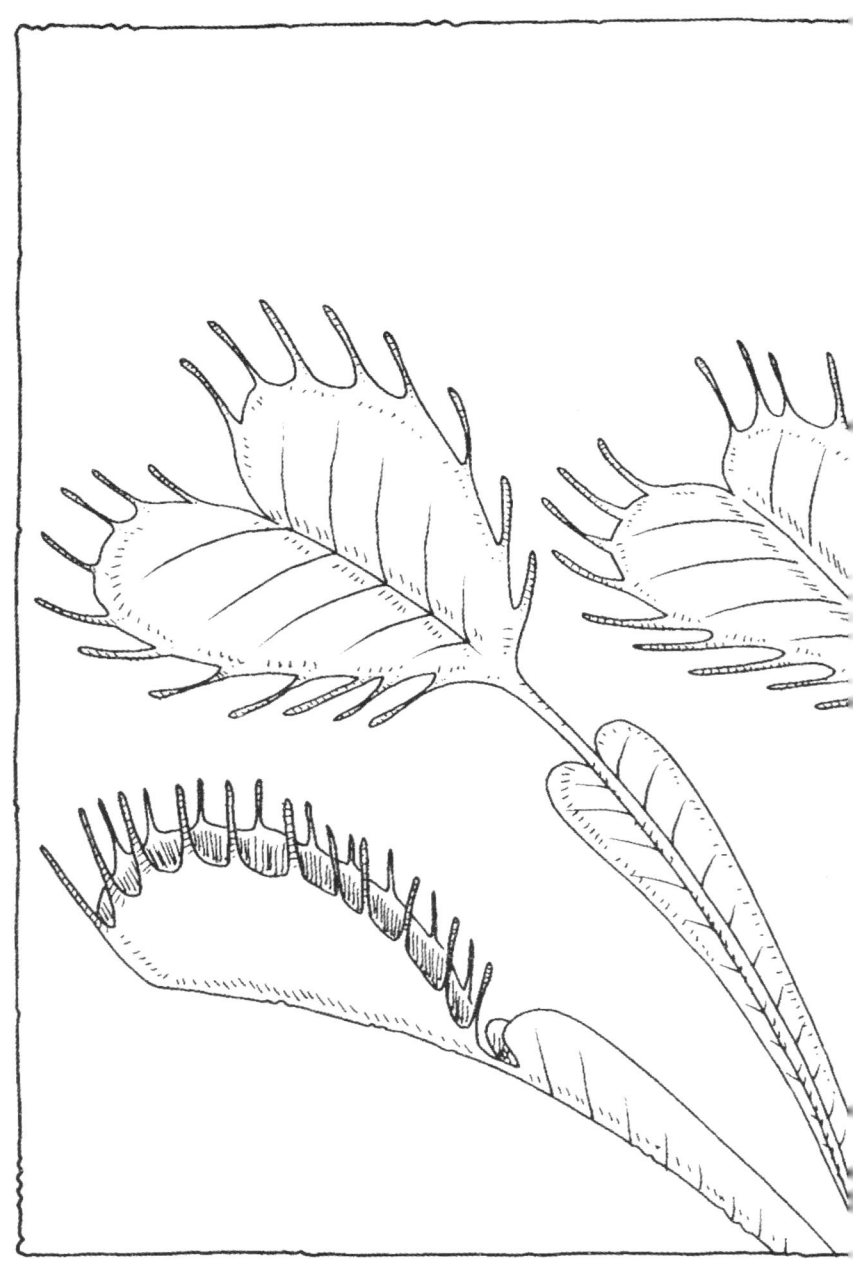

제 5 부
고생고생 생물학자

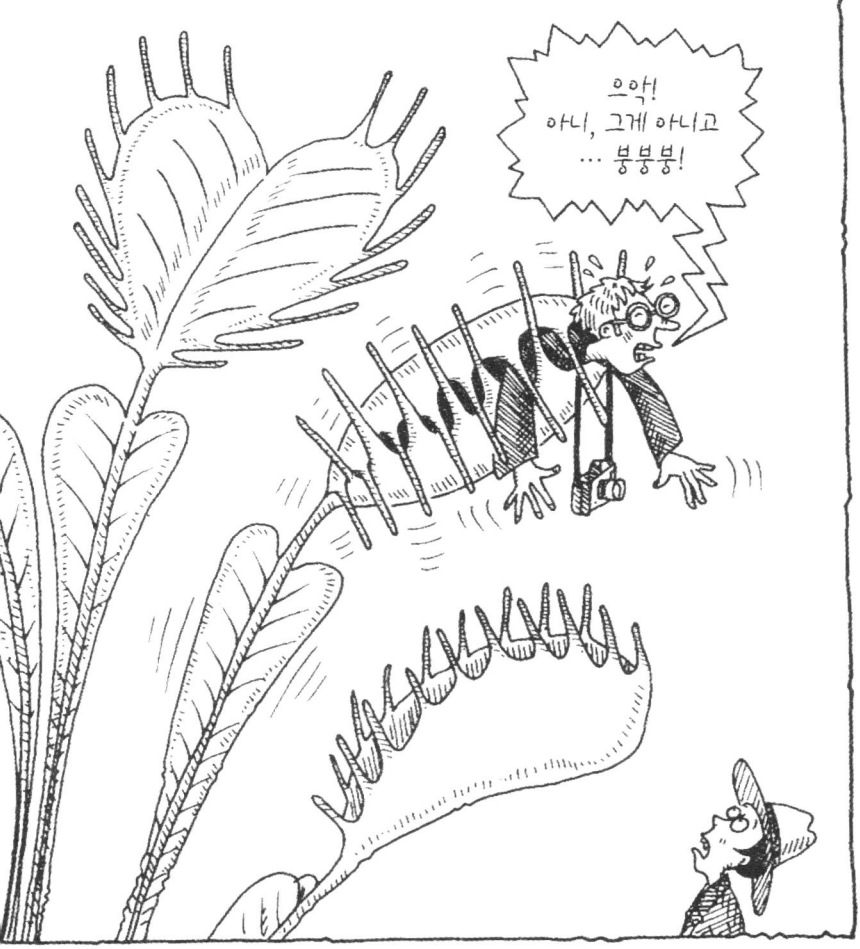

최초의 산 교육

아직도 과학자가 될까말까 고민이라고? 그래, 아직 최종 결정을 내릴 필요는 없다. 여러분이 자연에 푹 빠진다면, 또는 인체라는 살아 있는 놀라운 기계에 흥미를 갖게 된다면, 생물학자가 되고 싶어할지도 모른다. 그런 사람을 위한 경고 한마디! 옛날의 생물학자들은 다른 분야의 과학자들 못지않게 고생했다.

구석기 시대의 우리 친구 고인돌 가족은 동식물 세계에 큰 관심이 있었다. 아니, 생물학을 좋아해서가 아니라… 먹을 것을 얻기 위해서 그랬다. 그들은 사냥하는 동물에 관해서는 훤히 알았다.

그리고 시행착오를 거쳐 그들은 어떤 것이 먹기 좋은지 일찍부터 알게 되었을 것이다.

 독을 지닌 동물과 식물도 있으니까, 그 과정에서 치명적인 실수도 있었을 것이다.

 알다시피, 아리스토텔레스는 자연을 연구하기 위해 관찰이란 새로운 방법을 사용한 선구자였다(모르겠거든 32쪽을 볼 것). 그러나 정말 이상하게도, 아리스토텔레스의 현명한 방법은 17세기까지 제대로 사용되지 않았다.

따분한 역사학자의 말참견…

이건 간단하게 설명되는 문제가 아니죠. 사람들은 별로 여행하는 법이 없어서 다른 지방의 동식물을 볼 기회가 많지 않았습니다. 그리고 자기 지역의 동식물에 대해서는 이미 잘 알고 있었고…. 그런데 이런 상황이 달라지게 됐어요. 16세기에 유럽인은 세계 탐험에 나섰죠. 그들은 이상야릇한 동식물을 발견하고는 연구를 위해 그런 걸 가지고 돌아왔어요. 바야흐로 새로운 과학이 탄생하고 있었던 거죠. 초기 과학자 중에는 벌레에 푹 빠졌던 용감한 화가가 있었는데….

모기에 물린 마리아

상상해 보라. 여러분이 학교 급식으로 나온 샐러드를 먹는데, 꿈틀대는 녹색 애벌레가 그 반찬을 같이 먹고 있다. 그럼, 여러분은….

a) 얼굴이 녹색으로 변하고, 먹은 걸 토하고 싶어진다?

b) 애벌레를 토마토 케첩에 콕 찍어 우적우적 먹는다?

c) 과학자들에게 도움이 되도록 애벌레를 자세하게 그린다?

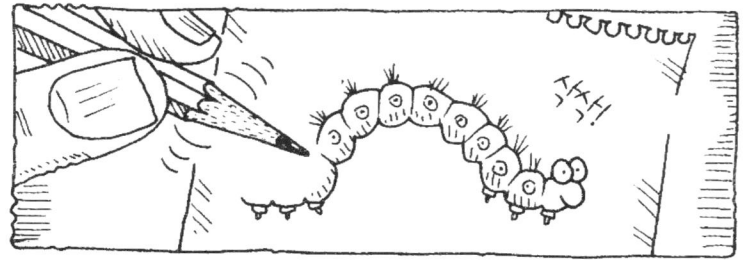

그런데 망설일 것도 없이 **c)** 를 선택했을 사람이 있다.

명예의 전당 : 마리아 메리엔(Maria Merien : 1647~1717)
국적 : 네덜란드

마리아는 독일에서 태어났다. 아버지는 독일에서 꽃 그림 판화를 만들었다. 마리아가 어릴 때 아버지가 죽자, 어머니는 야코브 마렐이라는 네덜란드의 꽃 그림 화가와 재혼했다. 마리아의 어머니는 식물을 다루는 예술가라면 가리지 않고 좋아했나 보다.

의붓아버지는 마리아한테 꽃을 그리는 법을 가르쳤고, 마리아는 어른이 된 후 비단에 꽃무늬를 그리며 살아가게 되었다. 그러나 머지않아 자기가 그리는 식물에서 종종 발견되는 벌레들에 관심을 갖게 되었다. 마리아는 여러 성장 단계에 있는 곤충들의 그림으로 가득 찬 책을 쓰기도 했다.

벌레가 반짝반짝

마리아는 의붓아버지의 문하생과 결혼했지만, 1685년에 남편과 헤어져 종교 공동체에 들어가 살았다. 거기서 마리아는 남아메리카 수리남에서 채집한 죽은 곤충들을 보게 되었다. 여러분 같으면 이렇게 말했을 것이다. "윽, 설마 아직도 살아 있는 건 아니겠지?" 그러나 마리아는 생전 처음 보는 이 이상하고 못생긴 생물에 넋을 빼앗겼다.

그래서 마리아는 딸 도로시를 데리고 수리남에 가서 야생의 벌레들을 연구하기로 결심했다. 그것은 굉장히 용감한 결정이었다. 폭풍과 해적의 습격이 도사리는 위험한 바다를 몇 달씩 항해해야 했기 때문이다. 게다가, 수리남은 온갖 열대병이 들끓는 곳으로 알려져 있었다.

★ 요건 몰랐을걸!
과학자들은 연구할 암석이나 동물, 식물을 찾아 외딴 곳으로 떠났다가 위험에 처하는 경우가 많다. 미국의 과학자 에드워드 코프(Edward Cope ; 1840~1897)는 적대적인 원주민들의 위협을 무릅쓰고 화석을 찾아 미국 중서부를 여행하고 있었다. 그러나 그는 호신용 총을 가져가기를 거절했다. 원주민 부족이 공격해 오자, 그는 틀니를 불쑥 내밀었다. 전사들은 깜짝 놀라 도망쳤다. 이 가짜 이빨 이야기는 진짜다. 이제 마리아에게 돌아가 보자.

마리아가 고국에 편지를 보냈다면, 아마도 이런 내용이 적혀 있지 않았을까?

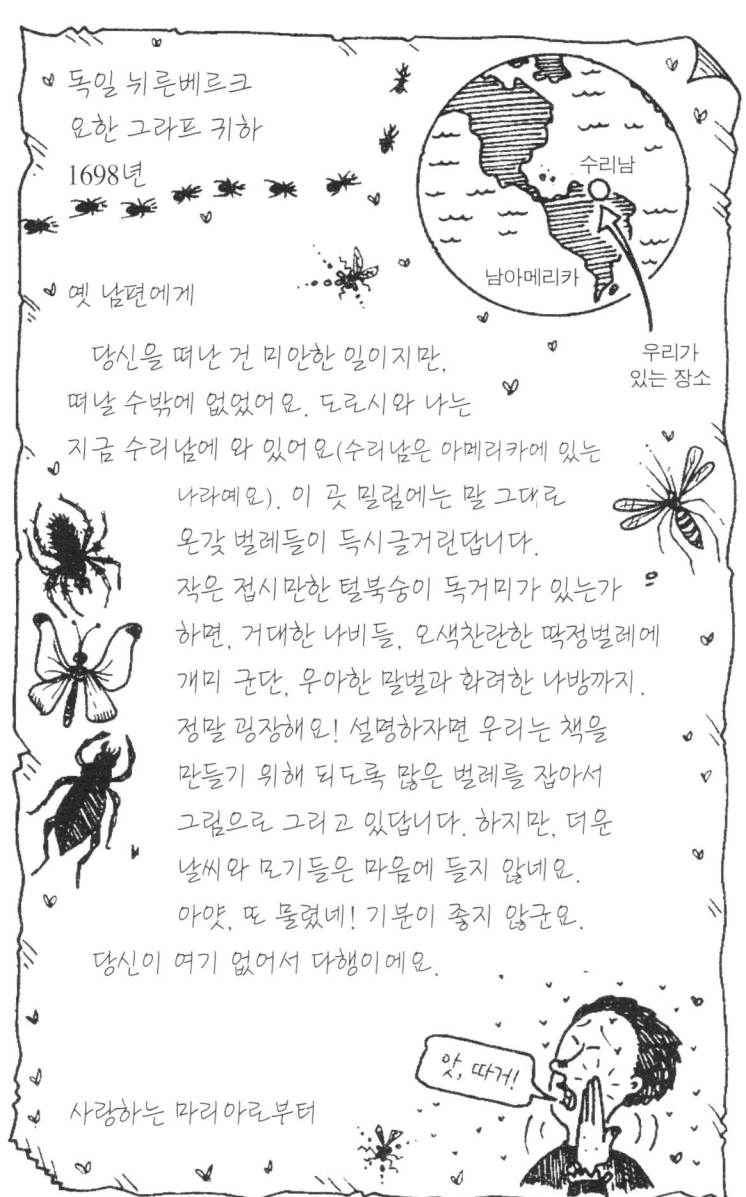

독일 뉘른베르크
요한 그라프 귀하
1698년

♥ 옛 남편에게

당신을 떠난 건 미안한 일이지만,
떠날 수밖에 없었어요. 도르시아 나는
지금 수리남에 와 있어요(수리남은 아메리카에 있는
나라예요). 이 곳 밀림에는 말 그대로
온갖 벌레들이 득시글거린답니다.
작은 접시만한 털북숭이 독거미가 있는가
하면, 거대한 나비들, 오색찬란한 딱정벌레에
개미 군단, 우아한 말벌과 화려한 나방까지.
정말 굉장해요! 설명하자면 우리는 책을
만들기 위해 되도록 많은 벌레를 잡아서
그림으로 그리고 있답니다. 하지만, 더운
날씨와 모기들은 마음에 들지 않네요.
아얏, 또 물렸네! 기분이 좋지 않군요.
당신이 여기 없어서 다행이에요.

♥ 사랑하는 마리아로부터

★ 요건 몰랐을걸!

마리아를 안내하던 원주민들은 장난을 좋아했다. 그들은 서로 다른 벌레들을 반쪽씩 이어 붙여서 새로운 곤충을 발견했다며 내밀곤 했다. 마리아는 순진하게도 이 징그러운 시체를 그려 책에 실었다.

별의별 벌레 책들

마리아는 황열병에 걸렸다. 수리남에서 모기에 물려 얻은 병이었다. 그녀는 다시 건강을 회복하진 못했지만, 1705년에 수리남의 곤충을 그린 책을 출판할 수는 있었다. 이 책은 엄청난 성공을 거두었고, 유럽의 곤충학자들은 처음으로 남아메리카의 야릇하고 멋진 벌레들을 자세히 볼 수 있게 되었다.

알아 두어야 할 사실

그 때에는 아직 사진기가 발명되지 않았다. 과학자들은 자신의 실험이나 성과를 그림으로 그려서 다른 과학자들의 이해를 도와야 했다. 붓이나 연필을 들고 예쁜 그림을 그리는 과학자를 상상하기란 힘든 일이겠지. 그러나 사진이 등장할 때까지는 이런 수고를 할 수밖에 없었다.

★ 요건 몰랐을걸!

생물학자들이 그리기에 가장 이상했던 장면은 현미경을 통해서 본 것들이었다. 이 중요한 발명품은 1590년경에 등장했지만, 렌즈와 배율이 좋아진 것은 네덜란드의 과학자 안톤 반 레벤후크(Anton van Leeuwenhoek ; 1632~1723) 덕분이었다. 1676년, 레벤후크는 자기 이에서 긁어 낸, 냄새 나는 썩은 음식 조각을 들여다보다가 꼬물거리는 작은 물체를 발견했다. 이 살아 있는 작은 벌레는 우리가 세균이라고 부르는 것이다.

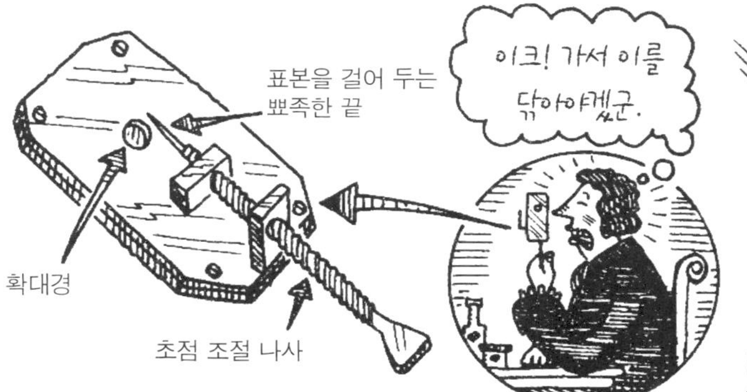

그러나 세균은 엄청난 비밀을 감추고 있었다. 그것은 19세기에 가서야 밝혀진다. 그 중요한 사실을 발견한 사람은 프랑스의 한 똑똑한 부부였다.

든든한 동반자

루이 파스퇴르와 마리 파스퇴르는 부부 과학자였다. 루이가 거의 모든 영예를 독차지했지만, 질병을 일으키는 세균을 발견하기 위해 열심히 매달릴 때 곁에서 도와 주었던 아내 마리는 없어서는 안 될 사람이었다.

명예의 전당 : 루이 파스퇴르(Louis Pasteur ; 1822~1895)
국적 : 프랑스

어린 시절에 루이는 학교 공부를 잘 하지 못했다. 그러나 파리에서 과학 교사가 되기 위해 공부하는 동안 완전히 화학에 푹 빠져 버렸다. 그리고 머잖아 위대한 발견을 하게 되었는데….

선생님을 곯려 주는 질문

어느 날, 파스퇴르가 실험실에서 뛰쳐나오며 이렇게 외쳤다.

그가 발견한 건 무엇이었을까?

a) 한 달 전에 잃어버렸던 양말 한 짝.
b) 어떤 화학 물질의 구조는 서로 거울에 비친 모습을 한 두 가지 형태가 있다는 사실.
c) 사마귀의 원인이 되는 새로운 세균.

답 : b) 이 발견으로 훗날 콩팥이나 부신 질병을 이용한 그 유명한 생화학적 배양법을 개발하는 밑거름이 되었다.

세균과의 전쟁

파스퇴르에게 이건 시작일 뿐이었다. 그는 잇달아 여러 대학에서 과학을 가르치는 일을 맡았다. 그러는 동안 그는…

● 세균이 질병을 일으킨다는 이론을 발전시켰다. 그 때까지 의사들은 나쁜 냄새가 병을 일으킨다고 믿고 있었다. 꽉 막힌 학교 화장실에서 코를 벌름거리면, 여러분은 구토 증세를 일으키잖아, 안 그래?

● 포도주를 가열해 세균을 죽이면 오래 보존할 수 있다는 사실을 알아 냈다. 이것은 오늘날 저온 살균법이라 부르는 방법인데, 여러분이 마시는 우유를 살균할 때에도 그 방법을 사용한다.

● 탄저병(아주 위험한 병임)이나 닭이 걸리는 닭콜레라 등 많은 병을 일으키는 세균들을 찾아 냈다.

● 세균을 가열하여 약화시키는 방법을 알아 냈다. 그렇게 만든 세균은 사람한테 주사해도 괜찮다. 이 약해진 세균은 사람의 몸을 자극해 그 세균이 일으키는 병에 대비하게 만든다 (이것을 백신 접종이라 한다). 1885년, 파스퇴르는 조제프 메스트르라는 소년에게 치명적인 광견병 백신을 주사함으로써 소년의 목숨을 구했다. 이 소년은 광견병에 걸린 개한테 물려 목숨을 잃을 위험에 처해 있었다.

★ 요건 몰랐을걸!

파스퇴르 부부는 1849년에 결혼했는데, 루이는 장인 될 사람 (대학교 총장)에게 자기는 해 줄 수 있는 게 연구밖에 없다고 말했다. 마리는 루이와 결혼하는 것을 주저하지 않았다. 그녀는 남편을 대신해 편지를 써 주었으며, 남편의 실험도 도왔다. 그러나 한번은 자녀들에게 이런 말을 했다.

그녀는 루이가 언제나 그런 식으로 살았다고 덧붙였다.

안타까운 실수

파스퇴르 부부는 조심조심 일했기 때문에 큰 잘못을 저지르는 법이 거의 없었다. 그러나 한 실험에서 루이는 엄청난 기회를 놓쳐 버렸다…. 다음은 그의 실험 노트를 상상해 본 것이다.

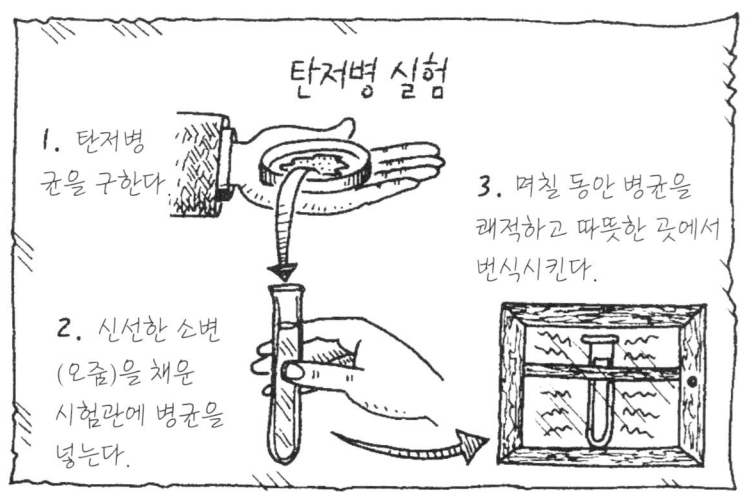

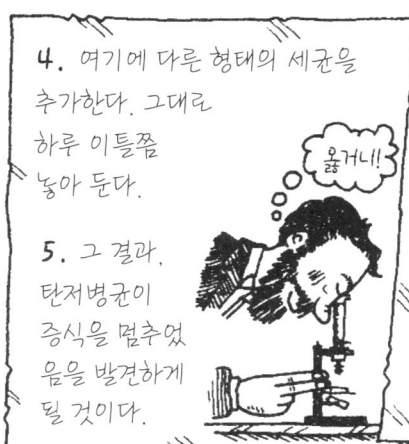

파스퇴르 부부는 그러한 화학 물질을 발견하지 못했지만, 오늘날에는 곰팡이나 세균이 만든 화학 물질을 원료로 한 항생제들이 수많이 개발되어 있다. 항생제는 탄저균과 같은 세균을 죽인다. 최초의 항생제는 스코틀랜드의 알렉산더 플레밍(Alexander Fleming ; 1881~1955)이 1928년에 발견한 페니실린이다.

루이 파스퇴르는 45세 때 뇌졸중에 걸려 몸 왼쪽이 마비되었다. 그래도 그는 마리와 조수들의 도움을 받으며 연구를 계속했다. 그렇지만 그는 갈수록 성격이 괴팍해졌다. 1887년, 두 번째 발작이 일어난 후 그는 더 이상 과학 활동을 못 하게 되었다.

한편, 생물학자들이 세균들의 작은 세계 속을 점점 더 깊이 파고드는 동안, 다른 과학자들은 생명(작은 미생물뿐만 아니라 살아 있는 모든 것이)이 어디서 왔으며, 지구에서 어떻게 진화해 나갔는지 곰곰 생각하고 있었다. 가장 유명한 사람은 말이 없고 배앓이가 심했던 한 영국 신사였는데….

우유부단한 다윈

1831년, 찰스 다윈은 과학사를 바꿔 놓게 될 세계 일주 항해에 나섰다. 하긴, 이건 어느 따분한 구식 과학책을 들춰 봐도 알 수 있는 이야기다. 그러나 비글호의 선장 로버트 피츠로이(Robert Fitzroy ; 1805~1865)가 이 과학자를 의심스럽게 생각했다는 이야기는 그런 책에 나오지 않을 것이다. 피츠로이는 외모에 그 사람의 성격이 나타난다고 굳게 믿는 사람이었는데, 다윈에 대해 이렇게 평했다.

> 몇 년이나 걸릴 힘든 여행에서 살아남을 만큼 결단력이 있는지 의심스럽다…. 그처럼 코가 펑퍼짐하게 주저앉은 사람은 그런 결단력이 없거든.

글쎄, 어쨌든 다윈은 항해를 무사히 마쳤고, 결단력도 있었다. 곧 알게 되겠지만….

명예의 전당 : 찰스 다윈 (Charles Darwin ; 1809~1882)

국적 : 영국

어릴 적에 다윈은 장난을 좋아했다. 한번은 정원의 사과나무에서 사과를 한 무더기나 몰래 따 놓고는, 아버지한테 장난칠 생각으로 누가 훔쳐다 숨겨 놓은 사과를 발견했다고 말했다. 가족들은 그 유머를 이해하지 못하고 다윈을 학교에 보내 버렸다. 학교 선생님들도 다윈을 별 볼 일 없는 학생으로 생각했다. 한 선생님은 이렇게 말했다.

어른이 된 다윈은 뭘 하며 살아야 할지 정말 난감했다. 일단 그는 의학을 공부하기 위해 에든버러 대학에 들어갔다. 그러나 피를 뒤집어쓰며 수술을 하는 의사와 진통제도 없이 사지가 묶인 채 비명을 지르는 환자를 보자 몹시 심란해졌다.

그래서 다윈은 목사가 되려고 진로를 바꾸었다(당시에는 많은 젊은이들이 성직자라는 직업을 택했다). 그러나 수업이 따분하기 짝이 없었기 때문에 다윈은 딱정벌레와 나비를 수집하며 시간을 보냈다. 그러던 중 한 친구가 비글호의 항해 계획에 대해 이야기해 주었다.

선생님의 실력을 테스트해 보자

1. 항해 중에 다윈은 무슨 병을 앓았을까?

a) 뱃멀미

b) 향수병(집이 그리워서 나는 병)

c) 볼거리

2. 다윈은 연구할 동물을 어떻게 잡았을까?

a) 땅바닥에 아교를 칠해 동물이 바닥에 달라붙게 했다.
b) 나뭇가지와 줄로 간단한 덫을 만들었다.
c) 총으로 쏘아 죽였다.

> 답 : 1.a) 다윈들은 쥐나 덫을 쳤었다. 이 때문에 쥐들이 섬에 퍼뜨려 피도 흘리지 않고 0.5 정도의 시간이 표류했을 것이다.(실험이이 생존자를 택하니까 피도 흘리지 않고 좋다. 사실, 다윈들은 쥐 잡은 그의 일기가 쓰고, 일부러 생각해 봐도 용으로 잡지는 안 같현해 읽지 못하냐). 2. c) 다윈은 새로이 잡힌 잡은 동물을 좋아했다. 또, 그 동물들 중 웬만큼 보존 같은 동물로 그에 맛있말게 좋아했다.

진화하는 이론

99.9%의 과학 선생님들은 다윈이 시간이 흐르면서 종(생물의 종류)이 변해 왔다는 생각을 한 것은 바로 비글호 항해 때였다고 말할 것이다. 그것을 오늘날 진화론이라 부른다.

진상 조사 X-파일: 진화

이름: 진화

기초 사실: 다윈이 진화론을 만드는 데에는 무려 20년이 걸렸다. 이 이론은 동식물이 수백만 년에 걸쳐 생존을 위해 싸우는 동안 모습이 변해 왔다는 것이다. 어떻게 그렇게 되느냐 하면….

수백만 년 전에는 토끼의 귀가 작았다.

저기 뭐가 온다!

뭐가?

이크!

그러나 많은 토끼가 배고픈 여우한테 잡아먹혔다.

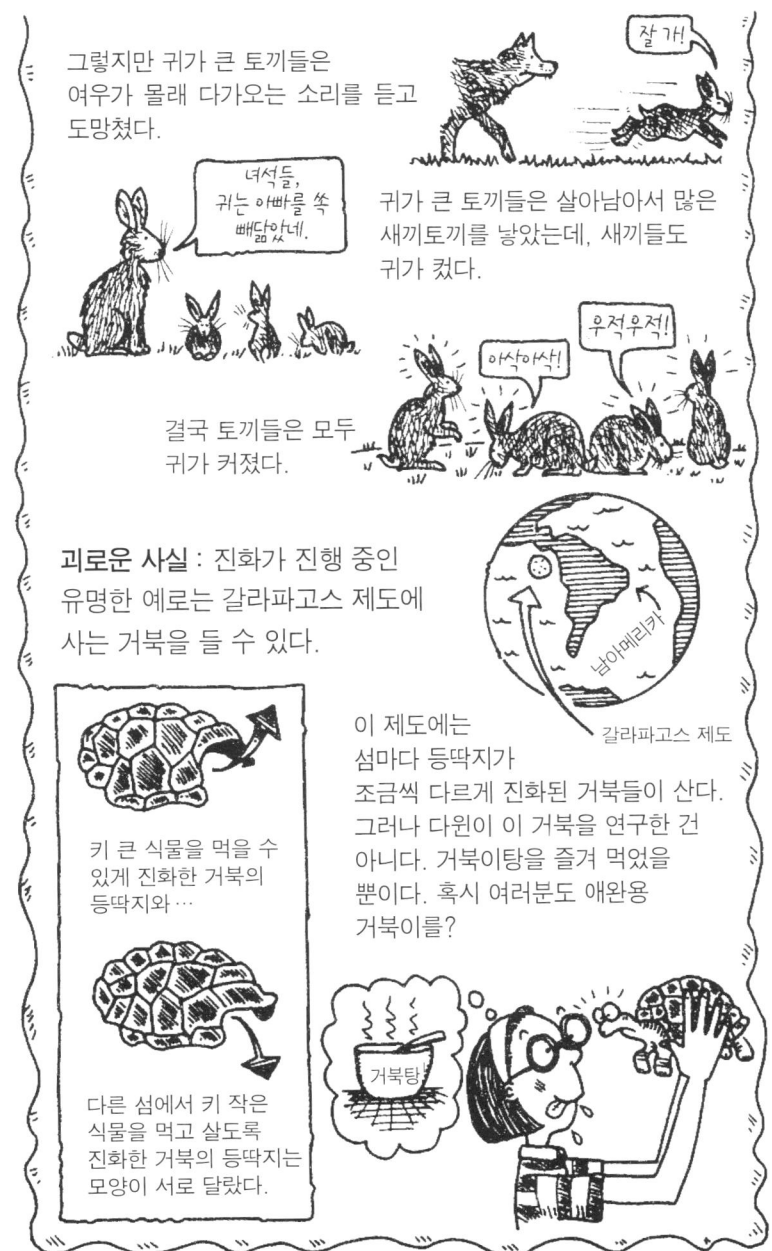

궁지에 몰린 다윈

그런데 다윈은 미적거리며 진화론을 발표하지 않았다. 진화론은 너무 혁명적인 이론이었기 때문이다. 그러나 너무 미적거린 것이 탈이었다. 1858년 6월, 한 통의 편지는 평생에 걸친 그의 노력을 물거품으로 만들 뻔했다. 그 편지는 알프레드 러셀 월리스(Alfred Russel Wallace ; 1823~1913)라는 젊은이가 보낸 것이었는데, 다윈이 생각한 것과 똑같은 이론이 적혀 있었다.

결국 진화론은 다윈이 처음 생각했음에도 불구하고, 과학자들의 회의를 통해 두 사람의 공동 발견으로 발표되었다.

격렬한 논쟁

다윈은 평생 동안 알 수 없는 병에 시달렸다. 현대의 의사들도 그 병을 확실히 모르는데, 증상은 아침마다 구역질이 나고 시도때도 없이 방귀가 나오는 것이었다. 이런 이유로 다윈은 자기 이론이 불러일으킨 격렬한 논쟁의 자리를 피하게 되었다.

앗! 여러분까지 피하려고? 그러지 말고 계속 읽도록…. 화끈한 장면들이 기다리고 있으니까.

많은 사람들에게 다윈의 주장은 모든 동물을 신이 창조했다는 성서의 내용을 부정하는 것으로 비쳤다. 한술 더 떠서 다윈의 친구들은 인간이 유인원에서 진화했다고 선언했다. 1860년, 옥스퍼드 대학에서는 유명한 토론이 벌어졌다. 700명이나 되는 사람들이 모였다. 다들 얼마나 흥분했던지 한 여자가 기절하는 소동까지 벌어졌다.

옥스퍼드의 윌버포스 주교는 다윈을 공격하는 연설 도중에 다윈의 친구 토머스 헉슬리(Thomas Huxley ; 1825~1895)에게 당신 할아버지와 할머니 조상 중 어느 쪽이 원숭이냐고 물었다.

여러분이라면 뭐라고 대꾸했을까?
a) 적어도 난 유인원을 닮진 않았소. 고릴라 닮은 당신하곤 달라.
b) 난 우리 모두가 유인원의 후손임을 믿습니다. 그러나 진화는 수백만 년의 세월이 걸리죠.
c) 난 진리를 왜곡하는 데 머리를 쓰는 당신 같은 사람보다는 차라리 유인원을 할아버지로 택하겠소.

따분한 역사학자의 말참견 …

> 헉슬리는 이보다는 훨씬 점잖게 대답했지만, 그 의미는 분명했습니다. 그의 대답은 엄청난 파문을 일으켰죠. 윌버포스 주교는 진화론에 대해 토론하기보다 다윈을 공격하는 데 많은 시간을 할애하는 큰 실수를 저질렀어요. 이것은 주교가 원래 논쟁해야 할 그 이론에 대해서는 잘 모르고 있다는 인상을 사람들에게 심어 주었습니다.

그러나 진화론을 둘러싼 그 논쟁의 와중에서 가장 큰 문제점에 주목한 사람은 없었던 것 같다. 다윈은 동물의 새끼가 그 모습을 부모에게서 물려받는다고 했지만, 실제로 어떻게 그런 일이 일어나는지는 설명하지 않았다. 설명을 하지 않은 건 다윈도 잘 몰랐기 때문이다. 사실, 그것은 어느 누구도 몰랐다. 그러나 이름 없는 한 수사가 그것을 밝혀 낸다. 물론 계속 읽어 보면 저절로 알게 된다.

맨날 고생만 한 멘델

이것은 완두콩을 심으며 8년이란 세월을 보낸 한 남자의 이야기이다. 그런데 모두가 그의 노고를 무시했다. 그 후, 그 남자는 분명 콩하니 토라져서 콩은 쳐다보지도 않았을 것이다.

명예의 전당 : 그레고르 멘델(Gregor Mendel : 1822~1884)
국적 : 오스트리아

멘델은 하인첸도르프(지금은 체코에 속함)에서 태어났다. 진지한 소년이었던 그는 최고 점수를 받기 위해, 또 대학교에 가기 위해 열심히 공부했다. 밤늦도록 공부하다 건강을 해칠 정도로 열심히. 여러분한테는 이런 문제가 없기를!

그래서 그는 수사가 되기로 했다. 그는 특별히 신앙심이 열렬한 사람은 아니었다. 그러나 수도원의 조용하고 평온한 분위기가 실험하기에는 좋았을 것이다.

불행히도 수사로서 그가 처음 맡은 일은 환자들을 방문하는 것이었다. 마음 여린 멘델은 병자들을 보기가 괴로워 견딜 수 없었다. 그러자 수도원에서는 멘델을 교사로 일하게 했다. 여러분은 이상하게 생각될 것이다. 괴로운 걸 못 참는다면서 선생이 되다니?

멘델은 과학 교사 연수를 받았으나, 과학 시험에 떨어졌다. 몇 년 후, 그는 다시 시험을 보았다. 그러나 시험장에 앉아 어려운 문제들을 쳐다보던 중에 갑자기 불길한 생각이 스쳐 지나갔다. 이번에도 낙방할 수밖에 없다는 사실! 그는 겁이 나서 속이 울렁거렸다. 머리는 멍해지고 눈에서는 눈물이 흘렀다. 여러분의 과학 시험은 그렇게 힘들지 않기를! 불쌍한 멘델은 시험을 포기했고, 공부도 그만두었다.

그러나 과학까지 아예 포기하지는 않았다. 그는 수도원 마당에다 완두콩을 기르고 있었다.

직접 해 보는 실험 : 식물 번식시키기

준비물: 수선화나 튤립 같은 꽃 한 송이, 작은 붓 한 개

실험 방법:

1. 꽃밥을 가볍게 턴다. 꽃밥은 꽃 한가운데 둥글게 늘어선 수술에 붙어 있는 것을 말한다.

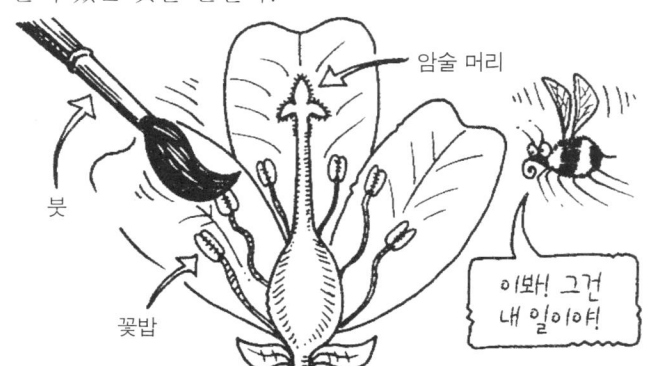

어떤 사실을 발견했는가?

a) 붓이 축축해졌다.
b) 붓이 녹색으로 변했다.

c) 붓에 노란 먼지가 붙었다.

> 답 : c) 이 노란 먼지는 꽃가루(꽃에서 발견되지)이고 이 가루는 체배 기를 일으킨다. 시험관을 바리시거나 꽃가루를 조심 중 물통 같는 병에 꽃기 않도록 하자. 그 때문에 사람에 동물 사라지게 새 를 감는다.

수수께끼의 정보

멘델은 부모 식물이 자신의 생김새를 화학적 정보(요즘은 유전자라고 한다) 형태로 자식들에게 전해 주고 있다는 사실을 알게 되었다.

진상 조사 X-파일 : 유전자

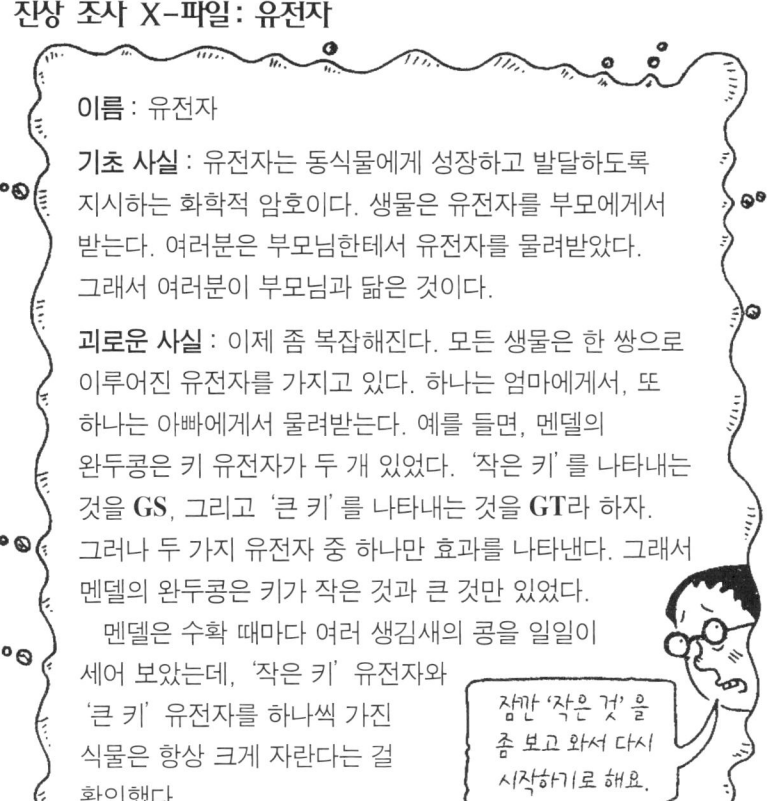

이름 : 유전자

기초 사실 : 유전자는 동식물에게 성장하고 발달하도록 지시하는 화학적 암호이다. 생물은 유전자를 부모에게서 받는다. 여러분은 부모님한테서 유전자를 물려받았다. 그래서 여러분이 부모님과 닮은 것이다.

괴로운 사실 : 이제 좀 복잡해진다. 모든 생물은 한 쌍으로 이루어진 유전자를 가지고 있다. 하나는 엄마에게서, 또 하나는 아빠에게서 물려받는다. 예를 들면, 멘델의 완두콩은 키 유전자가 두 개 있었다. '작은 키'를 나타내는 것을 **GS**, 그리고 '큰 키'를 나타내는 것을 **GT**라 하자. 그러나 두 가지 유전자 중 하나만 효과를 나타낸다. 그래서 멘델의 완두콩은 키가 작은 것과 큰 것만 있었다.

멘델은 수확 때마다 여러 생김새의 콩을 일일이 세어 보았는데, '작은 키' 유전자와 '큰 키' 유전자를 하나씩 가진 식물은 항상 크게 자란다는 걸 확인했다.

잠깐 '작은 것'을 좀 보고 와서 다시 시작하기로 해요.

키가 작은 식물의 유전자는 'GS'와 'GT'로만 이루어져 있었다. 이것은 굉장한 발견이었다. 유전자가 어떻게 작용하는지, 또 어떤 유전자는 다른 유전자에 비해 우세하다는 걸 보여 주기 때문이었다.

GT + GT = 큰 키   GT + GS = 큰 키
GS + GS = 작은 키

멘델은 모두 28,000그루의 완두콩을 길렀다. 그는 이 모든 식물의 키와 꽃의 색깔을 비롯해 다섯 가지 특징을 연구했다. 그러니 가끔은 정말 지루하고 지겨운 생각도 들었을 것이다. 이런 말을 했으니까.

이렇게 광범위한 작업을 하는 데에는… 상당한 용기가 필요하다.

그렇다, 용기! 그리고 아프고 쑤신 팔다리를 풀어 줄 증기 마사지도. 그러나 멘델은 식물(그리고 동물)이 지닌 형질이 후손에게 전달되는 이론을 발견했다. 이 생물학 분야가 바로 유전학으로, 진화가 이루어지는 과정을 멋지게 설명해 준다.

쓸쓸한 퇴장

멘델은 1865년에 이 발견을 지방의 한 과학 학회에 발표하면서 굉장히 흥분해 있었다. 즉각적으로 터져 나온 반응은… 무덤덤. 완전히 풀이 죽은 멘델은 수사로서의 본업에 충실했다. 1868년, 그는 그 수도원 최고의 직책인 수도원장이 되었다. 그러나 1871년, 미납된 세금을 놓고 정부와 말다툼을 벌였고, 이런 싸움으로 건강을 해친 그는 1884년에 쓸쓸하게 죽었다.

★ 요건 몰랐을걸!

멘델의 발견은 전혀 세상의 주목을 받지 못했다. 그러다가 1901년, 네덜란드, 독일, 오스트리아에서 각자 독자적으로 연구하던 과학자 세 명이 똑같은 결론을 얻었다. 그 후에 그들은 멘델의 논문을 발견하고, 이 수사가 그것을 처음으로 발견했음을 알았다. 과학 시험에 떨어졌던 사람치고는 꽤 괜찮은 영광이지?

죽음을 부른 견해 차이

비록 지금은 멘델의 이론이 널리 받아들여지고 있지만, 죽어도 그것을 받아들일 수 없다고 버티던 곳이 있었다. 1930년대의 소련이 바로 그 곳이었다. 이 때문에 소련의 한 괴로운 과학자는 정말로 죽음을 맞았다.

소련 과학 소식
1927년

우리의 영웅 바빌로프 동지!

위대한 식물 연구가 니콜라이 바빌로프 동지가 혁명적인 연구를 하다!

바빌로프 동지

우리의 영웅 바빌로프 동지는 아메리카에서 아프가니스탄까지 여행하면서 각종 식물들을 수집해 왔다. 러시아에서 재배할 수 있는 작물을 찾아 우리 수백만 노동자와 농민의 양식을 마련하기 위해서였다. 그는 연구원들과 함께 시험용 작물 30,000여 종을 구했다. 그뿐만이 아니다! 바빌로프는 유럽 과학자들의 이론을 과학적으로 이용해 새로운 식물을 교배하는 방법을 연구하고 있다. 전 소련 인민은 바빌로프 동지를 열렬히 환호하고 있다!

소련 과학 소식

— **1934년**

우리의 영웅 리센코 동지!

트로핌 리센코 동지에게 갈채를! 리센코 동지는 밀의 씨를 뿌리기 전에 냉동시키면 튼튼하고 건강하게 잘 자란다는 사실을 밝혀 냈다.

T. 리센코

결국 새로운 밀을 교배시키는 것은 시간 낭비인 것이다. 유전자는 존재하지 않는다! 리센코 동지(찬란하고 영웅적인 우리 지도자 요시프 스탈린의 친한 친구)가 저 불쌍한 반역자 바빌로프의 외국 이론을 비판한 것은 지극히 마땅한 일이다.

소련 과학 소식

— **1940년**

바빌로프 체포되다!

반역자 니콜라이 바빌로프가 체포되었다. 우리 소련 과학 소식지는 바빌로프가 식물 교배에 관한 쓰잘데없고 사악한 외국 이론으로 1930년대의 기근을 불러왔다

고 비난하는 바이다. 다행히 스탈린의 친구이자 현명한 애국자인 리센코 동지는 우리에게 더 많은 작물을 재배하는 법을 알려 주었다.

긴급 소식

방금 리센코가 과학 아카데미 최고직에 올랐다는 소식이 들어왔다. 장하다, 리센코 동지!

바빌로프의 재판은 꼬박 5분 동안 진행되었다. 이 과학자는 쓸쓸한 시베리아의 강제 수용소로 보내졌다. 그리고 3년 후, 러시아 국민들을 먹여 살리기 위해 평생을 바쳤던 그 과학자는 그 곳에서 굶어 죽었다. 그의 적 리센코는 소련 최고의 과학자가 되었다. 그러나 1960년대 말에 이르자, 리센코의 동료 과학자들은 리센코와 그의 견해에 등을 돌렸다. 러시아에서는 다시 니콜라이 바빌로프가 위대한 과학자로 추앙받고 있다.

 리센코가 신임을 잃은 이유는 1953년에 젊은 과학자들이 이룬 놀라운 발견 때문이었다. 이 발견은 너무 엄청나고 위대해서 지금까지도 새로운 발견들을 끌어 내고 있다.

 그럼, 이제 우리도 다음 장의 그 발견에 동참해 볼까?

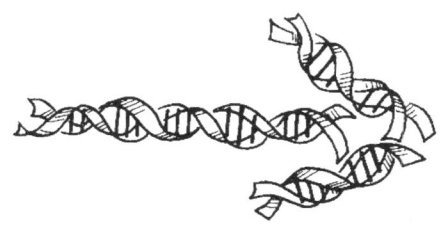

불운의 여성 과학자, 프랭클린

이번 이야기에는 우리의 세계관을 바꿔 놓은 엄청난 발견을 이룬 네 명의 과학자가 등장한다. 그 중 세 명은 부와 명성을 얻었지만, 나머지 한 명, 로절린드 프랭클린은 거의 잊혀지고 말았다. 이 장은 주로 그 여자에 관한 이야기이다.

명예의 전당 : 로절린드 프랭클린(Rosalind Franklin ; 1920~1958) 국적 : 영국

제2차 세계 대전 중에 이 젊은 과학자는 석탄을 연구했다. 물론 여러분이나 나 같으면 겨우 이 정도겠지….

그러나 로절린드는 더 많은 것을 알아 냈다. 그녀는 석탄으로 새로운 소재인 탄소 섬유를 만들 수 있음을 보여 주었다. 오늘날 탄소 섬유는 플라스틱의 강도를 높여 강철보다 단단한 물질을 만드는 데 쓰인다. 이것은 비행기나 자동차, 심지어 테니스 라켓에도 쓰인다.

그러나 로절린드가 이룬 가장 큰 업적은 탄소 섬유가 아니었다.

중요한 결정

로절린드의 진짜 관심은 X선을 사용해 결정 속의 원자 구조를 연구하는 것이었다. X선이 반사되는 모양을 보면 원자의 배열에 관해 많은 것을 알 수 있다. 그녀는 파리 대학에서, 나중에는 런던의 킹스칼리지에서 이것을 연구했다. 1951년, 그녀는 DNA라는 화학 물질을 연구하고 있었다. 문제가 일어난 것은 바로 이 때였다….

진상 조사 X-파일: DNA

이름: DNA(deoxyribonucleic acid, 디옥시리보핵산). 뽐내고 싶은 사람은 원래 이름까지 알아 둘 것.

DNA는 디옥시리보핵산!

기초 사실: DNA는 주로 살아 있는 세포의 핵 속에서 발견되는 물질로, 1951년에는 이것이 바로 유전자를 이루는 물질임이 밝혀졌다.

세포
세포핵
세포핵 속에 기다란 DNA 가닥이 들어 있음.
DNA 안에는 유전자가 들어 있음.

빨리 밝혀서 롱다리 유전자를 물려달라구!

괴로운 사실: DNA는 지독히도 복잡하다. DNA에는 약 1000만 개의 원자가 들어 있기 때문에, 이들 모두가 어떻게 결합되어 있는지 밝히는 것은 어마어마한 작업이다.

다음 쪽에 로절린드의 비밀 일기가 나온다(사실, 비밀 일기 같은 것은 없었지만, 있었다면 이랬을 거라는 이야기지).

1951년 7월

안녕, 일기장아.

난 몹시 처참한 기분이야. 난 이 곳 킹스 칼리지에서 DNA를 연구하고 있어. 무척 행복해야 할 텐데, 그렇지가 못해. 모리스 윌킨스라는 남자가 있는데, 나랑 똑같은 연구를 하고 있거든. 그런데 그 사람과 잘 지낼 수가 없어. 아니, 정확히 말해 그 사람이 나랑 잘 지내지 못하는 거지. 우린 맨날 싸워. 정말 끔찍하단다.
그래도 내 연구는 진전되고 있어. 좀더 선명한 사진이 나오는 X선 카메라를 고안했거든. 내 생각엔 DNA가 코르크 따개처럼 생겼을 거 같아. 하지만, 밝혀 내기는 힘들 거야.

DNA

1951년 11월

윗슨

오늘은 강의 시간에 한 미국 청년이 왔었어. 난 내 연구에 관해 강의를 하고 있거든. 비쩍 마르고 이마엔 곱슬머리를 살짝 내렸는데, 거만해 보였어. 이름이 제임스 윗슨이래.
윗슨과 그 친구 프랜시스 크릭도 DNA를 연구하는 모양인데, 모두 그 끔찍한 윌킨스와 친구지 뭐야. 윗슨은 강의 시간에 꼼짝않고 앉아서 입을 떡 벌린 채 넋을 빼고 있더라고. 심지어 필기할 생각도 않더라니까.

1952년 3월

크릭

윌킨스와 나는 윗슨의 DNA 모형을 보러 케임브리지에 갔어. 거기서 크릭도 만났지. 크릭은 대머리긴 하지만, 아주 똑똑하고 엄청 말이 빨라. 하지만, 웬지 그 사람이 싫어.
어쨌든, 그 모형은 끔찍했어. 마치 세 개의 코르크 따개가 얽힌 모양이었거든. 후우! 하지만, 그들이 옳은 것 같아. 네가 윗슨의 얼굴을 봤어야 하는 건데!

이건 아님!

1953년 1월

연구는 잘 되고 있어. 난 몇 년 안에 굉장한 발견을 하게 될 거야. 이상한 건 DNA를 찍은 X선 사진 중 제일 잘 나온 게 사라져 버린 거야. 윌킨스가 빌려 간 게 아닌지 몰라. 말도 없이 가져가다니, 가만두지 않을 거야!

모리스 윌킨스(Maurice Wilkins)는 실제로 그 사진을 빌려 갔고, 그것을 친구인 윗슨과 크릭에게 보여 주었다.

따분한 역사학자의 말참견 …

이것은 이 사건에 관한 한 견해에 불과합니다. 한편으로는 윌킨스가 친구들에게 보여 준 건 그가 찍은 사진이지, 로절린드의 것이 아니라고 하는 역사학자들도 많죠.

손발이 척척

제임스 윗슨(James Watson)과 프랜시스 크릭(Francis Crick)은 완벽한 팀이었다. 크릭은 나중에 이렇게 썼다.

윗슨과 난 죽이 잘 맞았다… 젊은 혈기의 오만함과 둘 다 대충 넘어가는 것은 못 참는 성미를 타고났으니까.

크릭은 로절린드의 전공 분야인 X선 결정학 전문가였고, 윗슨은 바이러스의 DNA를 연구한 사람이었다. 이들은 그 밖에도 여러 모로 손발이 아주 잘 맞았다. 로절린드가 진득하니 일에 매달리는 동안 윗슨과 크릭은 쉬면서 수다를 떨었다. 여러분이 바라는 과학도 바로 이런 거라고? 글쎄, 너무 좋아하지는 말기 바란다. 윗슨과 크릭은 일단 시작하면 아주 열심히 일했거든.

그들은 결정적인 그 X선 사진을 본 즉시, DNA가 화학 물질들의 쌍이 나선 모양으로 꼬인 사닥다리 모양임을 알아차렸다.

윗슨은 낡은 철사와 도화지, 구슬로 모형을 만들기 시작했

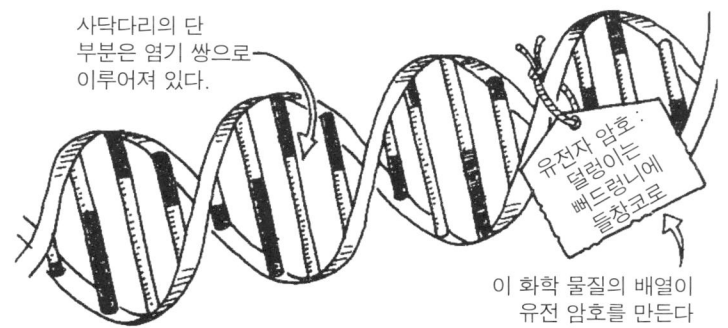

사닥다리의 단 부분은 염기 쌍으로 이루어져 있다.

유전자 암호: 덜렁이는 뻐드렁니에 들창코로

이 화학 물질의 배열이 유전 암호를 만든다

다. 두 사람은 DNA의 수수께끼를 풀어 냈는데, 거기에는 아마도 로절린드 프랭클린의 도움이 있었을 것이다.

대단한 DNA

DNA 구조의 발견은 어마어마한 사건이었다. 사람은 저마다 자기 세포 속에 고유한 DNA 암호를 지니고 있다. 오늘날 과학자들은 범죄 현장에 남아 있는 피부 조각이나 침 속의 DNA를 추적해 범죄자를 밝혀 내기도 한다. 전세계의 경찰들은 범죄자들의 DNA 데이터베이스를 만들어 두고, 범죄 현장에서 그들의 DNA가 발견되는지 확인해 본다.

1988년에는 과학자들이 사람의 유전자 10만 개 모두에 대한 지도를 만드는 일에 착수하였다.

1997년에 이르자 450가지 질병과 관련이 있는 DNA 부분은 인체 세포 안에서 유전자 복제가 잘못되어 일어난다는 사실이 밝혀졌다. 이런 질병 가운데 하나가 폐에 발생하는 낭포성섬유증이다.

★ 요건 몰랐을걸!

1. 1990년대 말, 과학자들은 낭포성섬유증을 물리치는 효과가 있는 분무액을 개발했다. 환자는 손상된 유전자를 대체할 건강한 유전자가 들어 있는 이 분무액을 코로 들이마시면 된다. 분무액이기 때문에 유전자는 쉽게 환자의 폐로 들어간다.
2. 지금은 사람의 유전자를 검사해서 손상 여부를 확인하는 게 가능해졌다. 유전자가 손상되었다면 장래에 치명적인 질병을 일으킬 수도 있다. 그 병이 치료될 수 있는 것이라면 요긴한 경고가 되겠지만, 만약에 치료될 수 없는 병이라면? 그 사람이 이 무서운 소식을 듣고 절망하지 않는다는 보장이 없는데…. 여러분이라면 어떤 선택을 하겠는가?

새로운 생명체

이제 과학자들은 DNA 기술을 이용해 DNA 속의 유전자를 뒤섞어 새로운 생명체를 만들 수 있게 되었다. 예를 들면….

- 치즈를 응고시킬 때 쓰이는 화학 물질 레닌을 만드는 미생물. 입맛이 싹 달아난다고? 그렇지만 그것말고는 레닌을 얻을 수 있는 곳은 소의 위액뿐이라는데! 우웩!

- 병이나 살충제에도 끄떡하지 않는 새로운 종류의 식물들. 그러나 이렇게 유전자를 변형시킨 식품은 먹어도 안전한지, 또는 우리 건강이나 환경에 어떤 식으로든 해를 끼치지는 않

는지 걱정하는 사람들이 많다.
- 인슐린이라는 중요한 화학 물질을 만드는 미생물. 당뇨병을 앓는 사람들은 반드시 인슐린을 섭취해서 혈액 속에 혈당량이 높아지지 않도록 해야 한다. 그 밖에도 해마다 새로운 생명체들이 개발되고 있다.

선생님의 실력을 테스트해 보자

로절린드는 윗슨과 크릭의 발견이 자기 사진 덕에 이루어졌는지 확인하지 못했다. 그러나 분명 그녀의 연구는 보상받을 가치가 있었다. 과연 그녀는 어떤 보상을 받았을까?

a) 노벨상을 공동으로 받았다.
b) 그녀 혼자 노벨상을 받았다.
c) 눈꼽만치도 보상을 받지 못했다.

> 답: c) 로절린드는 1958년에 젊은 나이로 죽었고, DNA 구조 해결에 대한 노벨상은 1962년에야 주어졌다. 그 상은 윗슨, 크릭, 윌킨스 세 사람이 수상했다. 그렇다면 로절린드 사람들한테는 공이 전혀 돌아가지 않은 셈인가? 아니다. 대부분 생화학자 중 사람이 이제 와서 잊혀진 그녀의 업적을 높이 평가하고 있다. 참 묘하다.

한편, 생물학의 다른 분야에서도 발견이 이루어져 이를 둘러싸고 커다란 논쟁이 벌어지고 있었다. 계속 읽는 건 좋은데, 그렇다고 너무 흥분하지는 말도록….

현대의 생명 과학자

멘델의 연구와 그 뒤를 이은 유전자 발견은 진화를 설명하는 중요한 열쇠가 되었다. 그러나 진화의 세세한 부분은 아직도 논란이 되고 있다. 어쨌든 그것은 증명이 어려운 문제이다. 동물 집단을 모아 놓고 어떻게 진화하는지 알아보는 실험을 계획할 수는 있다. 그렇지만 그 결과를 얻기까지는 백만 년 이상 기다려야 할 것이다.

화석을 연구한 결과, 약 2600만 년을 주기로 한 번씩 지구상에서 수많은 생물이 사라졌다는 사실이 밝혀졌다. 공룡도 그런 경우였다. 그렇지만 기뻐하라. 그런 일은 앞으로 수백만 년 안에는 일어나지 않을 테니까. 그러한 사건은 혜성이 지구에 충돌했거나 거대한 규모의 화산 폭발이 일어났거나 혹은 둘 다 일어났기 때문일 수도 있다. 어쨌든, 일부 과학자들은 이런 대규모의 멸종이 일어난 후에는 먹이나 살 공간을 둘러싼 경쟁이 덜해졌기 때문에 살아남은 생물들은 훨씬 빨리 진화했다고 생각한다. 그러나 이를 인정하지 않는 과학자들도 있다. 이들은 화석의 증거를 내세우며 진화가 아주 서서히 일어난다고 주장한다.

그런데 이번 주말에 지구가 혜성과 충돌하지 않는다고 해서 동식물들이 죽지 않는 건 아니다. 그래도 죽고 있다. 누구 때문에? 바로 우리 때문이다. 사람들은 밀림과 산호초를 비롯해 많은 동식물의 보금자리를 무서운 속도로 파괴하고 있다. 수많은 동식물이 항상 멸종하고 있는 것이다.

★ **요건 몰랐을걸!**
이런 상황을 처음으로 고발한 사람 중에 미국의 과학자 레이첼 카슨(Rachel Carson ; 1907~1964)이 있다. 1962년, 그녀는 해충을 죽이는 데 사용되던 화학 약품 DDT 때문에 새들이 입은 피해를 보여 주는 책을 썼다. DDT는 500만 명의 목숨을 구했고, 이것을 개발한 스위스 과학자 파울 뮐러(Paul Müller ; 1899~1965)는 그 공로로 1948년도 노벨상을 받았다. 그러나 DDT는 다른 생물에게도 해를 입힐 수 있기 때문에 지금은 대부분의 국가에서 사용이 금지되고 있다.

한편, 동물과 식물의 유전자를 바꾸는 행위를 모두가 환영하는 건 아니다. 비록 이 기술이 대체로 안전하다는 게 많은 사람의 의견이지만, 1999년의 신문 기사들은 유전자 변형 감자를 먹은 쥐들이 병에 대한 저항력이 약해진 것 같다고 주장했다.

과학자들은 이 기사들이 자료로 삼은 실험은 그 방법에 문제가 있으므로, 확실하게 증명된 것은 없다고 입을 모았다(때로는 과학자들도 실험을 잘못한다). 그러나 유전자 변형 식품이 안전하다는 보장이 나올 때까지 충분한 실험을 해야 한다는 것이 많은 사람들의 의견이다. 따라서, 이 문제는 뜨거운 감자인 셈이다.

자, 이제 여러분은 어떤 과학자가 되고 싶은가? 동식물의 멸종으로 다가올 위험을 경고하는 용감한 생물학자? 아니면, 물리학자? 물리학자는 우주의 심오한 근본 원리를 놓고 씨름하는 사람이다. 여러분이 고민하는 동안 근본으로 돌아가 볼까?

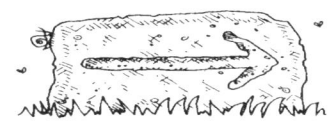

제 5 부
고생고생 물리학자

물리적 사실의 발견

구석기 시대로 돌아가서 고인돌 가족을 보면 평범한 초등 학생만큼도 물리학에 관심이 없었다. 그들의 주요 관심사는 먹을 걸 구하는 것이었으니까. 그러나 그런 사람들조차 자기도 모르는 사이에 물리학을 이용하고 있었다….

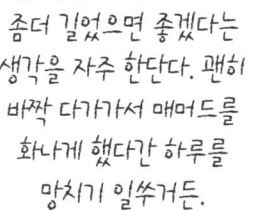
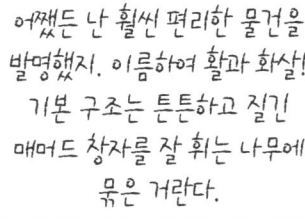

따분한 과학자의 말참견 …

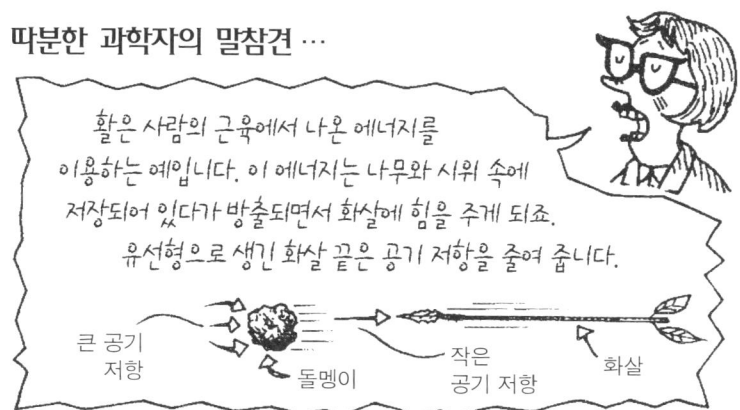

활은 사람의 근육에서 나온 에너지를 이용하는 예입니다. 이 에너지는 나무와 시위 속에 저장되어 있다가 방출되면서 화살에 힘을 주게 되죠. 유선형으로 생긴 화살 끝은 공기 저항을 줄여 줍니다.

큰 공기 저항   돌멩이   작은 공기 저항   화살

물론 이 원리를 아는 사람은 없었다. 물리학은 아직 과학으로서 등장하지 않았거든. 아리스토텔레스가 물리학에서 상당한 실수를 저질렀지만, 갈릴레이가 좀더 나은 이론을 내놓을 때까지 그 이론이 기세등등했다는 이야기는 아직 기억하고 있겠지(생각이 안 난다면 32쪽과 76쪽을 볼 것)? 어쨌거나 물리학은 마침내 한 사람의 엄청난 힘을 받아 하늘로 날아오르게 되었다. 과학의 슈퍼 스타이자 성격이 유별났던 사람. 믿어지지 않을 만큼 똑똑하고 건방지고 고약했던 사람….

그를 만날 마음의 준비가 되었는지?

놀라워라 뉴턴

아이작 뉴턴은 생전에 굉장히 유명했다. 프랑스의 귀족 마르키 드 로피탈(Marquis de l'Hôpital)은 그가 사실 신일지도 모른다고 생각했을 정도니까.

> 나는 그를 하늘에서 온 천재로 생각한다.

많은 현대 과학자들은 역사상 가장 위대한 과학자로 뉴턴을 꼽는다. 그럼, 뉴턴을 그렇게 대단하게 만든 건 무엇일까?

명예의 전당 : 아이작 뉴턴(Isaac Newton ; 1642~1727)
국적 : 영국

뉴턴은 어렸을 때, 자기가 잘못했던 모든 일들을 적어 내려갔다. 우리 같으면 큰 잘못만 적겠지만, 그는 별별 사소한 일들까지 죄다 적었다. 여기 그 일부를 소개한다. 그런데 뉴턴이 고백한 게 아니라, 우리가 끼워 넣은 것이 두 가지 있다. 어느 게 가짜인지 맞혀 보라!

나의 고백—아이작 뉴턴(17세) 씀

1. 누이를 때렸다.
2. 의붓아버지가 살고 계신 집에 불을 지르고 싶었다.
3. 내 애완용 햄스터한테 잔인한 실험을 했다. ←햄스터
4. 친구의 사과 한 개를 훔쳤다.
5. UFO에 대한 공포를 불러일으켰다.

> 답: 3가지. 뉴턴에게 해 스타가 있었다. 그러나 탈튼도 친구가 나타나자 곧 옷차림을 고쳐입은 소년들은 해해으로 얼굴들이 벌개졌더라. 사실, 그러나 그는 이 아이들 지키 그때부터 쓰기 시작해 왔었다. 가끔 그는 동반자, 그러나 그도 UFO의 희로를 세계에 알리겠다고 할 수 있다. 온당무는 감 뭉둥거려도. 완전무결 성에 없어 매우 커다면 맛있었다. 그럴듯이 좋아야더라. 일부 사람들이 공이 떨어지는 것이 떠오는 것이. 그 가시고, 그 사람들은 커다운 발표를 하게 됐다.

학생 스타

뉴턴의 발견 중 대부분은 1660년대에 케임브리지 대학에서 공부하던 무렵에 이루어졌다. 그 당시 그는 매우 가난했기 때문에 하인처럼 온갖 잔심부름을 하며 학비를 벌어야 했고, 심지어는 교수의 방 요강을 비우는 일까지 해야 했다(그 대학교의 방에는 마땅한 변기가 없어서 사람들은 요강에다 볼 일을 봐야 했다. 여러분 중 선생님 요강 비우는 일에 자원할 사람)?

뉴턴은 매우 똑똑하다는 걸 인정받아 케임브리지 대학의 수학 교수가 되었으며, 나중에는 영국의 화폐를 찍어 내는 조폐국에서 일하게 되었다. 1689년과 1690년 사이에는 하원 의원이 되었지만, 그가 의회에서 발언한 적은 딱 한 번뿐이었다. 그것도 누군가에게 창문을 열어 달라고 한 것이었다나. 어쨌든 이 위대한 사람의 업적을 대충 훑어보면….

뉴턴이 유명한 이유

1665년 : 뉴턴은 오늘날 미적분이라고 하는 수학을 만들었다. 미적분은 끊임없이 변하는 양을 계산하게 해 준다. 다리에 가해지는 하중의 변화 같은 것 말이다.

1664~1666년 : 그는 빛이 여러 가지 색의 빛들로 이루어져 있다는 사실을 발견했다. 그는 프리즘에 햇빛을 통과시킴으로써 햇빛이 여러 색으로 분산되는 것을 알아 냈다.

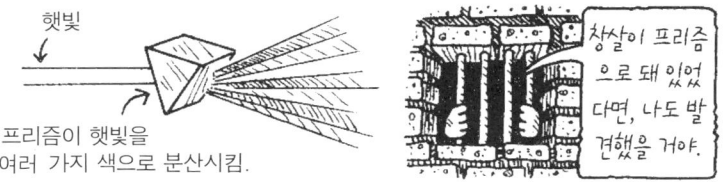

프리즘이 햇빛을 여러 가지 색으로 분산시킴.

1666년 : 중력 이론을 발전시키기 시작했다.

1687년 : 뉴턴의 가장 큰 업적은 중력과 사물의 운동 법칙에 관한 책을 쓴 것이다. 흔히 『프린키피아』라고 불리는 이 책은 가장 유명한 과학책으로 꼽힌다. 오늘날 여러분이 살 수 있는 가장 비싼 책 중 하나라는 것도 두말하면 잔소리!

뉴턴과 풍선

≪앗, 이렇게 신나는 실험이!≫ 시리즈에 나오는 것과 비슷한 실험은 옛날에도 있었던 모양이다. 이것은 뉴턴이 풍선을 이용해 운동의 법칙을 보여 주었던 유일한 실험이다.

여기서 뉴턴은 이러한 법칙의 수학적 기초를 설명하기 시작했으나, 우리는 고맙지만 바쁘다고 핑계를 대야겠지(그걸 어떻게 들어!)? 놀라운 점은 이 법칙들이 단지 풍선에만 국한된 이야기가 아니라는 것이다. 이 법칙들은 모든 운동을 설명해 준다. 우주 탐사선에서 여러분이 재채기할 때 날아가는 콧물까지, 그 모든 것은 과학적으로 예측 가능한 방식으로 운동한다.

뉴턴의 이 법칙들은 새로운 자동차를 설계할 때에나 강풍에 흔들리는 다리의 움직임을 설명할 때에도 사용되고 있다. 심지어 로켓이나 초고속 비행기의 원리까지 설명할 수 있다.

글쎄, 누가 이해할 수 있을까?

뉴턴의 『프린키피아』가 놀라운 책임은 분명하지만, 온통 복잡한 수학투성이였으므로 겨우 몇몇 사람들만 이해할 수 있었다. 한 귀족은 실제로 그 책이 무얼 말하는지 설명할 수 있는 사람한테 500파운드를 주겠다고까지 했다. 그러나 나서는 사람이 없었다. 짜증난 한 독자는 길거리에서 뉴턴을 가리키며 이렇게 말했다.

그렇지만 뉴턴은 그 내용을 아주 잘 알고 있었다. 그는 일부러 이해하기 어렵게 글을 썼다고 했는데, 과학자가 아닌 사람이 귀찮게 어리석은 질문을 하는 게 싫었기 때문이라나. 멋져!

기초적인 실수

솔직히 뉴턴이 모든 것을 옳게만 파악했던 것은 아니다. 그가 틀린 몇 가지를 소개하면….

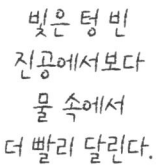
빛은 텅 빈 진공에서보다 물 속에서 더 빨리 달린다.

따분한 과학자의 말참견 …
아니죠. 빛은 진공에서는 33%나 더 빨라요. 진공에서는 원자의 방해를 받지 않기 때문이죠.

게다가, 뉴턴은 연금술 실험을 하느라 상당한 돈과 시간을 헛되이 썼다. 맞다, 그는 정말로 보통 금속으로 금을 만들 수 있다고 믿었던 것이다. 사실, 얼마나 심혈을 기울였던지 일단 실험실에 들어갔다 하면 6주나 거기서 틀어박혀 지냈다. 여러분은 학교 실험실에서 그렇게 할 생각이 있는가? 그는 깨어 있을 때면 여러 가지 금속을 녹이고 섞으며 실험을 했지만, 결국은 아무 짝에도 쓸모없는 실험이었다.

사람들을 싫어한 뉴턴

아무리 천재라 해도, 뉴턴은 불쌍한 사람이었다. 그가 웃은 것은 평생에 단 한 번뿐이었다고 한다. 몇 안 되는 친구 중 하나가 그에게 기하학의 창시자인 유클리드의 이론을 공부할 필요를 느끼지 못하겠다고 이야기했을 때였다. 뉴턴은 큰 소리로 호쾌한 웃음을 터뜨렸다.

혹시 여러분 중에 그 말이 우습다는 사람 있어?

그처럼 대단한 유명 인사였으니, 여러분은 뉴턴이 인터뷰를 하고, 사인을 해 주고, 열광 팬들에게서 편지 받는 걸 좋아했을 거라고 생각할지 모르겠다. 그렇다면 틀렸다. 뉴턴은 성격이 괴팍했고, 혼자 있는 걸 좋아했다. 언젠가 그는 몇 안 되는 친구 중 하나인 새뮤얼 페피스(Samuel Pepys ; 1663~1703)에게 다음과 같은 이상한 편지를 썼다.

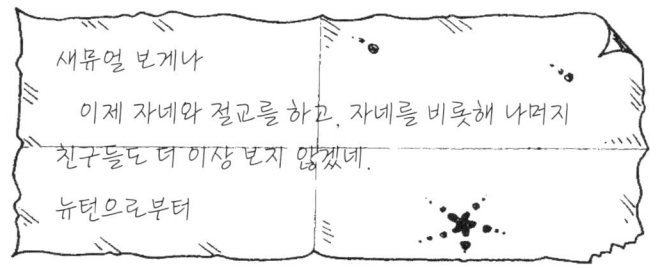

새뮤얼 보게나
이제 자네와 절교를 하고, 자네를 비롯해 나머지 친구들도 더 이상 보지 않겠네.
뉴턴으로부터

뉴턴이 왜 이 편지를 썼는지는 아무도 모르지만, 그는 1년도 못 돼 다시 친하게 지냈다. 그러나 그는 꽤 오래 살았는데도, 젊은 날에 이룬 것과 같은 위대한 발견을 다시는 이루지 못했다.

그런 뉴턴이 편안히 여긴 곳이 딱 한 군데 있다. 그것은 바로 과학자들의 모임이었다. 1702년, 뉴턴은 왕립 학회 회장이 되었다. 그것은 영국 과학계에서 가장 폼나는 자리였다.

뉴턴은 물리학이란 분야를 다른 과학자들에게 활짝 열어 주었다. 그리고 중력에 관한 연구를 통해 자연계의 중요한 힘을 설명했다. 그러나 자연에는 또 다른 힘이 있다. 여러분이 탁 하고 스위치를 켤 때마다 플러그에서 흘러나오는 힘. 이걸 알기 쉽게 설명해 준 과학자를 알고 싶다면 어서 다음 장으로 넘어가라. 그러나 깜짝 놀랄 충격을 받을지도 모른다….

찌릿찌릿 패러데이

탈레스가 호박을 문질러서 정전기를 만들었다는 이야기를 기억하는지? 뮈센브루크의 조수가 충전된 물 그릇에서 고약한 충격을 받았다는 건? 그렇다, 18세기와 19세기 초의 물리학자들은 전기를 연구하고 있었다.

예를 들면, 이탈리아의 과학자 알레산드로 볼타(Alessandro Volta ; 1745~1827)는 간단한 전지를 만들었다. 그리고 바로 그 순간, 영국의 한 어린 과학 천재는 굶주린 배를 움켜쥐고 신문을 배달하고 있었다. 그러나 그는 자라서 과학에 깜짝 놀랄 전기 충격을 주게 된다. 그 이름은….

명예의 전당 : 마이클 패러데이(Michael Faraday : 1791~1867)
국적 : 영국

마이클 패러데이의 아버지는 대장장이였으나, 패러데이가 어릴 때에는 주로 몸져 누워 있었다. 패러데이 가족은 무척 가난해서 끼니도 제대로 먹지 못해 빈민 구제소의 도움을 받았다. 패러데이는 학교도 거의 다니지 못했는데, 13세 때에 서점에서 일하며 책을 매는 제본 일을 배웠다.

어느 날, 패러데이는 인기 있는 과학책 저자인 제인 마싯(Jane Marcet ; 1769~1858)이 쓴 『화학에 관한 대화』를 제본하고 있었다. 그 책은 에밀리와 캐롤라인이라는 두 소녀와 과학 교사인 로브슨 부인이 등장하는 이야기였다. 에밀리는 조용하고 진지한 성격이었으나, 캐롤라인은 신나는 실험과 폭발을 좋아했다. 패러데이는 그 책이 너무 재미있어서 과학 클럽에 등록했고, 그 후 어느 친절한 손님에게서 왕립과학연구소 강의 입장권을 받았다.

알아 두어야 할 사실

과학이 점점 더 복잡해지자, 과학자가 아니면 새로운 발견을 이해하기가 점점 더 힘들어졌다. 제인 마싯 같은 사람은 대중을 위한 과학책을 씀으로써 대중에게 과학을 이해시키는 중요한 역할을 했다. 과학 클럽들과 왕립과학연구소에서는 최신 과학 발전에 대해 강의를 했다.

패러데이는 왕립과학연구소를 보고 눈이 휘둥그레졌다. 여러분이 좋아하는 축구 스타나 가수를 본다고 상상해 보라. 그는 최고 과학자인 험프리 데이비 경(Sir Humphry Davy ; 1778~1829)이 강의할 때면 넋을 잃고 편안한 파란 의자에 앉아 있곤 했다. 패러데이는 생각했다. '언젠가는 나도 강단에 오를 수 있을 거야.' 그는 왕립과학연구소에서 일하기를 간절히 바랐다.

청중 속에서 패러데이가 어디 있는지 찾아보라.

그는 모든 강의를 꼼꼼히 노트에 정리했다. 그리고는 가장 예쁜 글씨로 그걸 다시 베껴 쓴 다음, 그림을 곁들여 색칠까지 했다. 그리곤 멋진 가죽으로 싸서 제본했다(여러분은 숙제에 이만한 정성을 들일 수 있겠는가?) 패러데이는 이 작품과 함께 일자리를 부탁하는 정중한 편지를 왕립과학연구소장인 조지프 뱅크스(Joseph Banks ; 1744~1820)에게 보냈다.

뱅크스는 답장할 생각도 하지 않았다.

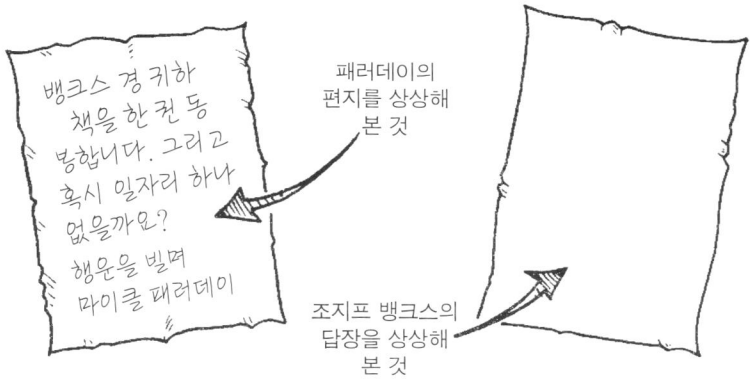

여러분이라면 어떻게 할까?

눈물을 흘리며 포기할까?

그러나 패러데이는 그러지 않았다. 그는 반드시 취직하고 말겠다고 결심했다. 그래서 다시 아름다운 총천연색 필사본을 만들어 험프리 데이비 경에게 보냈다. 데이비 경은 그에게 계속 제본 일이나 하라고 했다.

그런데 그 때 패러데이의 운명이 바뀌는 일이 일어났다. 데이비의 조수가 싸움을 벌이는 바람에 해고되었고, 데이비는 위험한 화학 실험을 하다가 일시적으로 시력을 잃었다. 데이비는 자신을 도와 줄 사람이 필요했기 때문에 어린 패러데이에게 일자리를 주었다. 제본공으로 버는 쥐꼬리만한 봉급보다 더 적은 급료였지만. 패러데이는 상관하지 않았다. 그 일이 너무 좋았으니까. 고약한 냄새가 나는 시험관을 씻고, 잔심부름을 하고, 청소를 하면서도 신이 났다. 얼마 후에는 실험을 돕기 시작했다. 1814년, 데이비는 장기간의 유럽 여행에 패러데이를 데려갔다. 그러나 그 여행은 쓰디쓴 고생길이었다.

그들은 유명한 과학자들을 만났는데, 데이비 부인만 없었더라면 좋았을 것이다. 패러데이는 발끈하는 성미가 있었는데, 데이비 부인이 지독히도 그의 성미를 건드렸기 때문이다. 패러데이는 화를 꾹꾹 눌러야 했다. 여기 그가 보낸 편지가 있다….

다음은 데이비 부인의 입장이다(솔직히 꼭 이렇게 쓰지는 않았지만).

나 참, 그 뻔뻔함이라니! 저녁에 드 라 리브 교수의 초대를 받아 갔는데, 그 교수가 패러데이 자리를 다른 하인들 식탁이 아닌 우리 식탁에 준비해 놓고 있었다. 나는 소리 높여 그럴 수는 없다고 말해야 했다. 그런데 어쩜! 과학자들이 예의 범절을 모르는 모양이지. 그 교수는 패러데이가 다른 자리에서 식사하게 했지만, 다른 하인들의 식탁은 아니었다. 나는 부아가 났지만, 데이비 경은 가만히 있었다.
늘 그렇듯이.

패러데이가 과학자로서 좀더 유명해지자, 그는 왕립 학회 회원으로 선출되었다. 그리고 1825년엔 왕립과학연구소에서 데이비가 맡고 있던 직책을 물려받았다. 마침내 젊은 날의 꿈이 이루어졌고, 돈 많고 유명한 사람들이 그의 강의에 몰려들었다. 그가 한낱 '하인'이었던 시절은 잊혀진 이야기가 되었다.

패러데이의 발견

1825년, 패러데이는 미끌미끌하고 냄새 나는 죽은 고래의 기름 성분을 조사하다가 벤젠(공업적으로 중요한 화학 물질)을 발견했다(시간이 고래 등만큼 많았나 보지). 그러나 오늘날 패러데이가 얻고 있는 명성은 전기에 관한 연구 때문이다….

진상 조사 X-파일: 전기

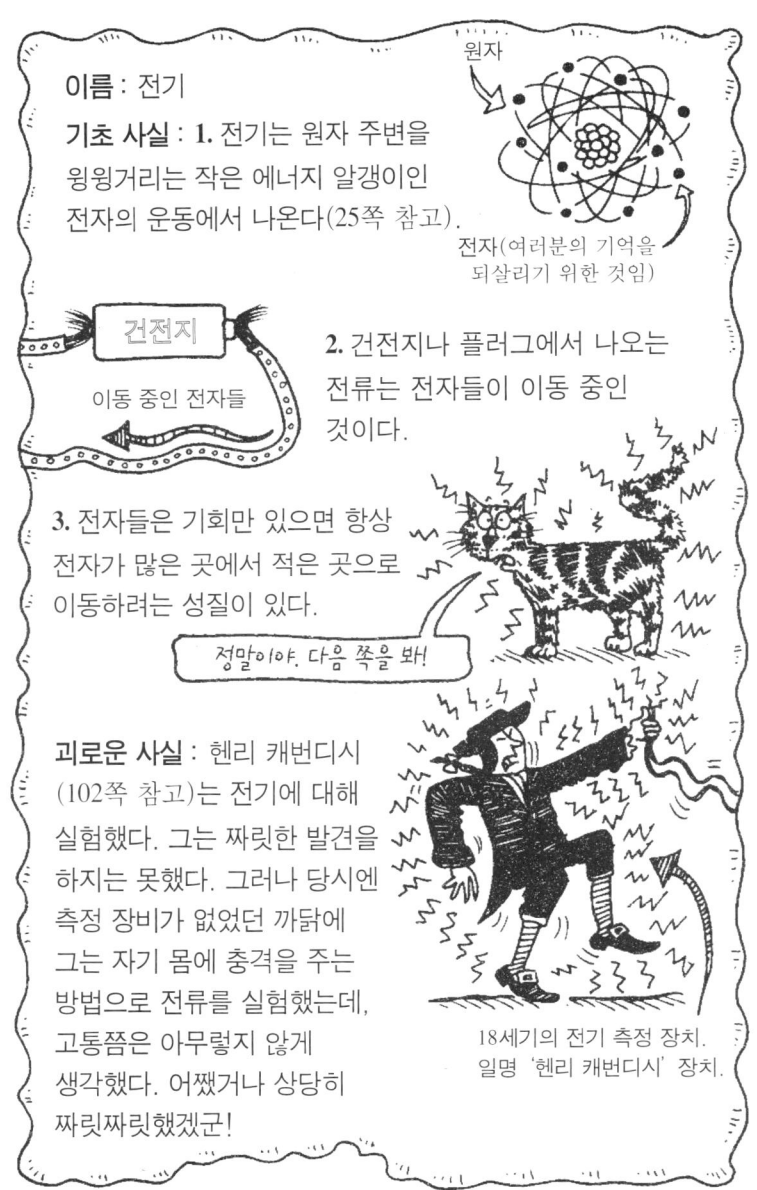

이름: 전기

기초 사실: **1.** 전기는 원자 주변을 윙윙거리는 작은 에너지 알갱이인 전자의 운동에서 나온다(25쪽 참고).

원자

전자(여러분의 기억을 되살리기 위한 것임)

건전지

이동 중인 전자들

2. 건전지나 플러그에서 나오는 전류는 전자들이 이동 중인 것이다.

3. 전자들은 기회만 있으면 항상 전자가 많은 곳에서 적은 곳으로 이동하려는 성질이 있다.

정말이야. 다음 쪽을 봐!

괴로운 사실: 헨리 캐번디시 (102쪽 참고)는 전기에 대해 실험했다. 그는 짜릿한 발견을 하지는 못했다. 그러나 당시엔 측정 장비가 없었던 까닭에 그는 자기 몸에 충격을 주는 방법으로 전류를 실험했는데, 고통쯤은 아무렇지 않게 생각했다. 어쨌거나 상당히 짜릿짜릿했겠군!

18세기의 전기 측정 장치. 일명 '헨리 캐번디시' 장치.

직접 해 보는 실험 (1) : 전기를 보는 방법

준비물 : 고양이 한 마리(또는 털 달린 동물), 춥고 건조한 날씨, 나일론 천 조각

실험 방법 :
1. 방의 불을 끄고, 깜깜해질 때까지 기다린다.
2. 나일론으로 고양이를 쓰다듬는다.

　실험 결과, 어떤 사실을 알아 냈는가?
a) 고양이가 어둠 속에서 빛을 내기 시작한다.
b) 작은 불꽃들이 보인다.
c) 희미하게 딱딱 하는 소리가 들린다.

답 : b) 고양이를 쓰다듬음으로써 털 표면의 전자들이 이동한다. 그러나 공중에서 공중으로 이동하지 않고 털에서 털로 이동한다. 요동이가 야수하고 그래서 야수하기는 갔자가 해네 수있는 것은 탐이 야수하기 때문이다. 나일론에 의해 털이 공중으로 뜨는 것은 동일이다.

직접 해 보는 실험 (2) : 전기가 어떻게 물체를 움직일까?

준비물 : 여러분 자신, 모직 스웨터 한 벌, 풍선 한 개, 10 cm 길이의 실

실험 방법 :
1. 스웨터를 입는다.

2. 풍선을 불어서 끝을 묶는다.
3. 풍선 끝에 실을 매단다.
4. 풍선을 스웨터에 대고 몇 번 문지른다.
5. 실을 잡고 풍선을 여러분 몸에서 몇 cm 떼어 놓는다.

실험 결과, 어떤 사실을 알수 있는가?
a) 풍선이 나에게 다가온다.
b) 풍선이 흔들리며 나한테서 달아나려 한다.
c) 풍선이 불꽃을 일으키며 무섭게 딱딱 소리를 낸다.

답 : a) 풍선이 스웨터에서 전자를 끌어 당겨 음전하를 띠기 때문에 다른 스웨터로부터 전자가 풍선으로 옮아가서 풍선을 끌어당기는 것이다.

짜릿한 발견

1832년, 패러데이는 전류가 액체 속에 녹아 있는 화학 물질들을 분리할 수 있다는 사실을 발견했다. 전기 분해라고 하는 이 과정은 칼이나 수저 등을 도금하는 데 사용된다. 그러나 그의 가장 큰 발견은 그보다 1년 전에 이루어진 것이다.

1831년, 패러데이는 전류를 만들어 내는 세계 최초의 발전기를 만들었다. 이미 1821년에 그는 자석이 고리 모양의 전선 안쪽에서 움직일 때, 전선에 전류가 유도된다는 사실을 발견했다. 자기력은 자석 속에서 회전하는 전자들에 의해 생기는데, 이 힘이 전선 속의 전자들을 움직이게 해 전류가 발생한다(사실, 과학자들은 이 두 힘을 똑같은 하나의 힘으로 본다. 전류는 항상 자기를 띠기 때문이다. 두 힘을 합쳐 전자기력이라 부른다).

10년 후, 패러데이는 다시 이 연구를 시작하여 자석을 고정시키고 전선을 움직여도 전류가 발생한다는 사실을 발견했다.

패러데이가 자랑스럽게 선보인 새로운 발명품은 이것이다….

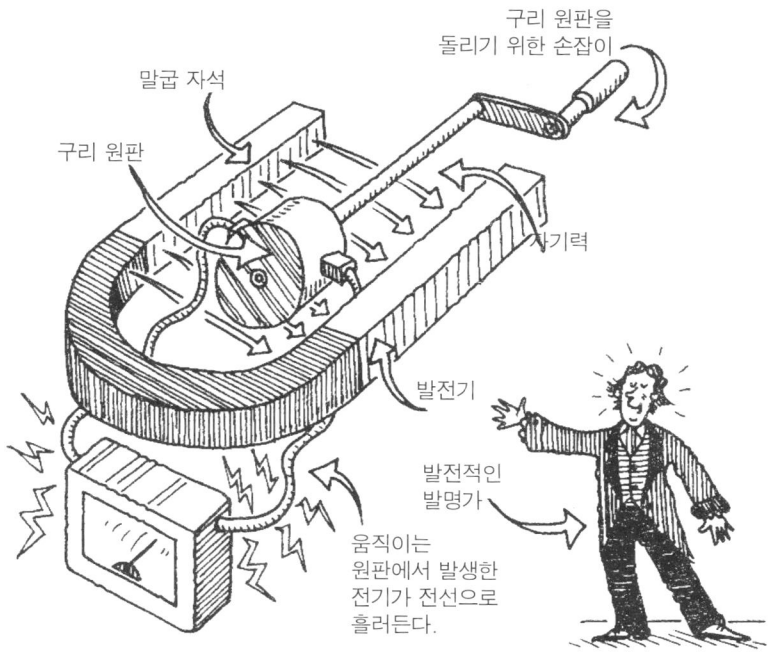

엄청난 발견

이것은 정말 어마어마한 발견이었다. 이 발견이 우리 생활에 미친 영향을 일일이 쓰려면 책 한 권을 가득 채울 정도니까. 전기가 발명되지 않았다면, 전기를 사용하는 모든 기계들도 나오지 않았을 것이다. 정전 때문에 온 동네가 깜깜해진 적이 있지?

다시 온 암흑 시대

 이건 그냥 장난삼아 지어 낸 이야기가 아니다(그래도 여러분은 이 책을 읽을 수 있을 테니까 기운을 내라). 모두 패러데이의 발견이 얼마나 중요한지 보여 주기 위한 것이다.

알아 두어야 할 사실

대서양 건너 미국의 과학자 조지프 헨리 (Joseph Henry ; 1797~1878)도 똑같은 발견을 하고 있었다. 사실, 헨리는 1830년에 발전기를 만들었으나, 그 영광은 영국의 패러데이에게 돌아갔다. 패러데이가 연구 결과를 먼저 발표했기 때문이다. 이것은 과학자들이 동시에 똑같은 발견을 하는 경우가 얼마나 많은지 보여 주는 좋은 사례이다.

야호! 해냈다!   좋았어! 드디어 성공이야!

★ 요건 몰랐을걸!

한번은 패러데이가 굉장한 공개 실험을 했다. 그는 3.66 m²나 되는 나무 우리를 만들어 얇은 금속판과 철사로 이것을 감쌌다. 그가 그 우리 안에 들어가자, 조수가 창살을 통해 10만 볼트의 전기를 흘려 보냈다. 우리에서 불꽃이 튀었다. 패러데이가 창살을 만졌다면 즉사했을 것이다. 누구 이 실험에 자원할 사람?

멋진 수업

여러분의 선생님은 내내 흥미진진하고, 탐구욕을 불러일으키는 그런 멋진 수업을 하시는지? 자, 사상 최고 또는 최악의 과학 선생님과 여러분 선생님의 수업을 비교할 기회를 주겠다. 눈치챘겠지만, 패러데이는 최고의 과학 교사였다. 그는 심지어 정확한 연설을 하는 웅변 선생을 강의에 모시기까지 했다. 패러데이의 말이 너무 빠르거나 느려지면, 이 선생이 카드를 들어올려 알려 주었다고 한다. 과학 선생님 앞에서 이렇게 해 볼 용기가 있는 사람?

> ★ 요건 몰랐을걸!
> 또 한명의 훌륭한 과학 교사를 꼽으라면, 미국의 물리학자 리처드 파인먼(Richard Feynman ; 1918~1988)이 있다. 파인먼은 수수께끼와 장난을 좋아했는데, 그의 전문 분야(빛이 원자에 미치는 효과)는 비록 지루하게 느껴졌지만, 그는 수다스러운 스타일로 드럼을 쳐 가며 강의에 활기를 주곤 했다. 여러분도 과학 선생님께 이 아이디어를 제안해 보면 어떨까?

고생스런 교사 노릇

1827년 어느 날 저녁, 영국의 과학자 찰스 휘트스톤(Charles Wheatstone ; 1802~1875)은 왕립과학연구소에서 강의를 하기로 되어 있었다. 그런데 이 젊은 과학자는 입술을 깨물며 왔다 갔다하면서 안절부절못했다. 그보다 먼저 미라가 된 고양이를 해부하는 강의가 있었던 것. 그 끔찍한 장면은 치명타였다. 이 과학자는 달아나고 말았다. 그 후, 왕립과학연구소의 강사들은 자기 차례가 올 때까지 딴 방에서 머물게 되었다.

다음 장 역시 형편 없는 선생님에 관한 이야기이다. 이 유명한 물리학자는 중얼거리는데다가 전문 용어를 사용하는 습관이 있어서 강의를 알아듣는 사람이 거의 없었다. 그러나 선생님으로는 형편 없을지 몰라도, 과학자로서는 훌륭했다. 누굴까?

다음 장을 넘기면 알 텐데 뭐.

바보로 놀림받던 맥스웰

스코틀랜드의 과학자 맥스웰은 의심의 여지가 없는 천재였다. 학교에서도 모두 그를 남달리 똑똑한 학생으로 여겼다. 다만, 그가 주름 많은 셔츠를 입어야 했다는 건 안됐지만….

명예의 전당 : 제임스 클러크 맥스웰(James Clerk Maxwell ; 1831~1879) 국적 : 스코틀랜드

맥스웰은 아주 어릴 때부터 과학을 좋아했다. 이미 두 살 때 시냇물은 어디서 흘러나오는지, 자물쇠는 어떻게 작동하는지 등 엄마가 대답할 수 없는 질문들을 했다. 그의 호기심은 발명가였던 아버지한테서 물려받은 듯하다. 아버지는 옷을 디자인하는 걸 좋아했는데, 이것이 문제였다. 여러분이라면 이런 차림으로 학교에 가고 싶을까?

맥스웰이 처음 학교 가던 날

다른 아이들이 그를 괴롭히며 '바보'라고 놀려 댄 건 당연하다. 그러나 그는 바보가 아니었다. 정반대였지. 14세 때 그는 첫 번째 과학 논문을 썼고(타원을 그리는 방법에 관해), 일생의 대부분을 스코틀랜드와 케임브리지에서 교수로 지냈다.

그 밖의 문제아들

학교 다닐 때 놀림을 받았던 위대한 과학자는 맥스웰뿐만이 아니었다. 아래에 등장하는 사람들을 보라.

- 카를 린네(Carl Linné ; 1707~1778)는 스웨덴의 생물학자로, 오늘날 동물과 식물을 분류할 때 쓰는 라틴어 명명법을 고안했지만, 학교에 다닐 때에는 라틴어를 무척 싫어했다. 선생님은 그의 아버지한테 이렇게 말했다.

아마도 그 선생님은 구두 수선공은 머리가 나빠도 된다고 생각했던 모양이다.

- 윌리엄 베이트슨(William Bateson ; 1861~1926)은 영국의 뛰어난 유전학자였다. 그러나 학창 시절의 선생님은 그를 이렇게 평가했다.

그런데도 불구하고, 베이트슨은 최고의 과학 학위를 받았다.
- 특급 천재 아인슈타인은 학교를 싫어했다. 수업 시간에 시험이 많았고, 단조로운 사실을 배우는 건 재미가 없었으며, 규율은 엄격했다. 아인슈타인은 나중에 이런 말을 했다.

현대의 교육 방법이 호기심이란 신성한 정신을 질식시키지 않았다는 건… 기적이 아닐 수 없다.

이 말을 과학 선생님한테 써 먹어 보도록…. 그럴 용기가 있다면!

★ 요건 몰랐을걸!

과학자들은 아주 나쁜 환경에서 고생하며 살았다(요즘 여러분도 그렇다고?). 1943년, 독일의 댐들을 파괴했던 댐 폭파용 폭탄(이 폭탄은 물 위에서 튀었다가 가라앉는다)을 발명한 네빌 반스 월리스(Neville Barnes Wallis ; 1887~1979)는 딱딱한 나무 침대에서 잠을 자며 콘크리트 부스러기 위에서 럭비를 해야 했다. 거기서 넘어지면 별로 튀지도 않았겠군. 이크, 맥스웰 이야기로 돌아가자.

깜짝 퀴즈

맥스웰 학생에겐 이상한 취미가 몇 가지 있었다. 다음 중 그가 심심풀이로 즐겼던 두 가지는 무엇일까?

a) 벽에다 수학 식을 스프레이로 쓰기
b) 새벽 2시에 기숙사를 돌아다니며 자는 사람들 깨우기

c) 씹던 껌을 선생님 뒤통수에 훅 불어서 붙이고는, 다른 사람 한테 뒤집어씌우기
d) 침실 창 밖으로 고양이 내던지기
e) 변기 속으로 뱀을 흘려 보낸 뒤, 하수관에서 찾아 내기

그리고 d) 재활용을 위하여 깨끗하게 씻지도 않고 쓰레기 통으로 던져 버리는 모든 것! 난롯불에 잘 타는 사실이 있음에도 불구하고 그런 것을 주위 곳곳에 계속해 모으지 마라. 그게 결국은 도둑질이 되는 거니까. 한번 상상해 봐라! 이 세상에 사용되지 않은 종이가 얼마나 많이 있겠는가?

답: b) 몸 안의 독성을 없애는 대신에, 그리고 몇 번이나 다시 사용할 수 있는데 왜, 고무풍선 안에 넣고 모든 공을 다시 뽑아 내는가....

오싹오싹 죽음의 경고!

우리도 감정이 있다고! 그러니 맥스웰을 따라할 생각은 하지도 마! 만약 그랬다간 먹다 남은 고양이 밥을 먹어야 할걸.... 그런 벌을 받아도 싸지.

맥스웰의 극적인 발견들

맥스웰은 많은 발견을 이루었다. 예를 들면, 1860년에는 수학을 이용해 열이 실은 분자들이 이동해 가는 것이란 사실을 증명했다. 가장 큰 발견은 1864년에 한 것이다. 그는 공책 한 권, 연필 한 자루, 자기의 두뇌만을 사용해서 전기 반응을 설명하는 일련의 수학 법칙(방정식)을 이끌어 냈다.

약간 따분하게 들리겠지. 그러나 여기에는 엄청난 내용이 함축되어 있다. 맥스웰은 이 방정식의 의미를 깨달았다.

그리고 맥스웰은 빛과 비슷한 다른 광선(전자기파)들도 비록 보이지는 않지만 존재할 것이라고 추측했다.

따분한 과학자의 말참견 …

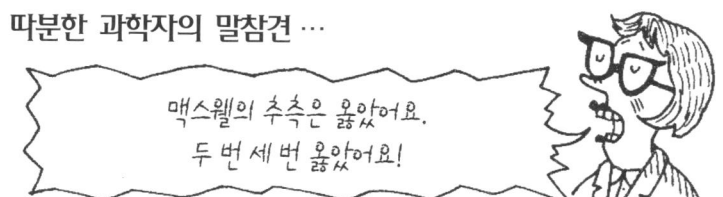

밀려오는 파동

1888년, 독일의 하인리히 헤르츠(Heinrich Hertz ; 1857~1894)는 전파를 발견했다. 맥스웰이 말한 보이지 않는 광선 중 첫 번째 것이었다. 생각해 보면 라디오와 TV가 발명될 수 있었던 것도 모두 맥스웰의 업적 덕분이다. 어쨌든 라디오는 전파를 사용하며, TV 신호 역시 전파를 사용한다.

1895년, 독일의 빌헬름 뢴트겐(Wilhelm Röntgen ; 1845~1923)이 새로운 전자기파인 X선을 발견했다. X선은 전파처럼 눈에 보이지는 않지만 훨씬 큰 에너지를 갖고 있다. X선은 피부를 통과하지만, 뼈와 같은 단단한 물체는 통과하지 않으므로, X선 사진에 여러분의 뼈가 나타난다. 또한, X선은 수하물 속에 숨겨진 폭탄이나 무기를 찾는 데 쓰이기도 한다.

이렇게 맥스웰의 방정식은 세상을 바꿔 놓았다. '바보'로 놀림받고, 오직 공책과 연필만 가지고 연구한 사람치고는 대단한 업적이다. 그러나 맥스웰이 항상 옳은 것은 아니었다. 맥스웰은 우주 공간이 보이지 않는 물질인 에테르(ether)로 가득 채워져 있다고 믿었는데, 실은 그런 것은 존재하지 않는다.

아쉽게도, 맥스웰은 젊은 나이에 죽었다. 조금만 더 오래 살았더라면, 자신의 방정식이 옳다는 것과, 자신이 예견했던 새로운 전자기파를 볼 수 있었을 텐데. 그가 죽을 때까지도 많은 과학자들은 그의 이론의 중요성을 이해하지 못했다.

한편, 과학자들은 계속해서 여러 종류의 전자기파를 찾아 냈다. 1896년, 프랑스의 앙투안 앙리 베크렐(Antoine-Henri Becquerel ; 1852~1908)은 우라늄이 포함된 화학 물질에서 이상한 광선이 나오는 것을 발견했다. 눈에 보이지 않는 그 광선은 어두운 데 놓아 둔 사진 필름을 뿌옇게 만들었다. 베크렐은 그 때에는 그게 뭔지 몰랐지만, 결국 방사능을 발견했다. 그리고 머잖아 똑똑한 여성 과학자가 그 비밀을 밝히게 된다. 다음 장에 나오는 그 고생담을 읽어 보라….

불굴의 화신, 퀴리

마리 퀴리는 조국을 떠나 가난과 굶주림 속에서 외국어인 프랑스어를 배우며 과학을 공부했다(물론 여러분도 공부하기가 힘들다고 주장하겠지만). 그러나 그건 마리를 괴롭히던 문제 중 가장 하찮은 것이었다.

명예의 전당 : 마리 퀴리(Marie Curie : 1867~1934)

국적 : 폴란드/프랑스

마리 스클로도프스카(마리의 결혼 전 이름)가 어릴 때부터 장차 과학자가 될 소질을 충분히 보였다. 교사인 부모 밑에서 자란 마리는 과학책을 즐겨 읽는 똑똑한 소녀였다. 그러나 한 가지 문제가 있었다. 마리는 여자였고, 당시 폴란드에는 여자를 받아주는 대학교가 없었던 것이다.

그래서 마리와 언니 브로냐는 깜짝한 계획을 세웠다….

그리고 자매는 약속대로 했다.

마리의 별명은 고집불통, 불굴의 여전사, 용감녀 뭐 그런 것이라야 딱 어울린다. 마리는 7년 동안 열심히 일하며 돈을 모은 뒤에 파리에 있는 대학교에 들어갈 수 있었다. 그러나 막상 파리에 가니 프랑스어를 알아들을 수 없었고, 브로냐의 도움에도 불구하고 지독히도 가난하게 살아야 했다. 먹을 걸 사야 할지 땔감을 사야 할지 고민할 때가 많았다.

마리는 거의 매일 빵과 마가린과 차로 끼니를 때웠다. 이 모든 어려움에도 불구하고, 그녀는 열심히 프랑스어 실력을 쌓았고, 당당히 시험에 합격했다. 그런데 잠깐만! 이런 생고생은 다 무엇 때문이었을까?

여자에겐 왜 그렇게 힘들었을까?

여러분은 지금까지 여자 과학자가 별로 등장하지 않았다는 사실을 눈치챘을 것이다. 문제는 많은 사람들(주로 남자들)이 여자는 과학을 배울 능력이 없다고 여겼기 때문이다. 실제로

이 사람들(주로 남자들)은 여자는 어리석다고 생각했다. 여학생들한테는 미안하지만, 그들은 진짜 그렇게 생각했다. 1879년, 프랑스의 뇌 전문가 귀스타브 르 봉(Gustav le Bon)은 이렇게 말했다.

> 세상에는 뇌 크기가 고릴라 뇌만한 여자들이 아주 많습니다.

게다가, 그는 똑똑한 여자는 머리 둘 달린 고릴라만큼이나 예외적이라고 덧붙였다.

따분한 과학자의 말참견 …

> 오늘날 과학자들은 사람의 뇌 크기가 머리 좋은 것하고는 아무 관계가 없다는 걸 잘 알죠.

그러나 여러분은 왜 여자들이 과학을 배울 기회를 얻지 못했는지 알고 있을 것이다. 옛날 여자들에겐 아예 꿈도 못 꿀 직업이 많았다. 예를 들면, 1870년대 이전의 미국과 1880년대 이전의 영국에서 여자들은 의사 수업을 받을 수가 없었다. 다음에 소개하는 글은 여자 과학자가 되고 싶어했던 한 소녀가 겪은, 말도 안 되게 불공평한 일을 보여 주는 사례이다.

페어팩스 가족 이야기

메리는 똑똑한 소녀였는데, 과학을 공부하고 싶었다. 그러나 엄마와 아빠는 여자가 수학이나 과학을 배우면 미쳐 버릴 수도 있다고 생각했다(그렇다, 그들은 정말로 그렇게 믿었다. 그렇지만 정말로 그렇지는 않으니까, 여학생들은 핑계 댈 생각 말도록). 그 대신, 메리는 기숙 학교에 보내졌는데, 그 학교에서는 똑바로 서는 법을 가르치는 과목이 있었다. 여자 어린이들은 등을 멋지고 곧게 펴 준다는 철고리로 만든 옷을 입고 고문 아닌 고문을 받아야 했다.

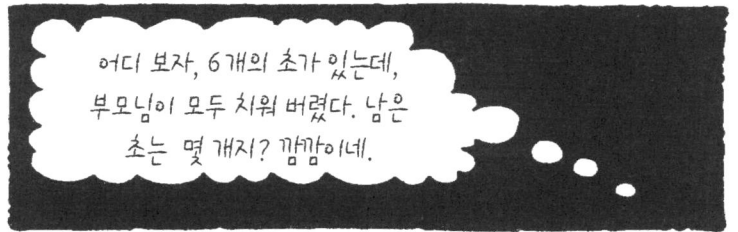

집에 돌아오면 메리는 부모님이 잠자리에 드신 후, 몰래 수학을 공부했다. 부모님은 이걸 알고는 초를 치워 버렸다. 그래도 메리는 포기하지 않았다. 메리는 어둠 속에서 잠을 안 자고 머릿속으로 수학 문제를 풀었다.

> 어디 보자, 6개의 초가 있는데, 부모님이 모두 치워 버렸다. 남은 초는 몇 개지? 깜깜이네.

그러나 기회를 찾지 못하던 메리에게 마침내 두 번째 남편이 책을 주며 애타게 필요로 했던 격려를 해 주었다(첫 번째 남편은 여자는 다 어리석다고 생각한 사람이었다).

그 후, 메리는 메리 서머빌(Mary Somerville ; 1780~1872)이

란 이름으로 물리학, 천문학, 생물학에 관한 책을 써서 베스트 셀러 작가가 되었다. 이제 알겠지만, 많은 여자들은 과학 교육을 받으려면 억세게 싸워야 했다. 그리고 그 다음엔 과학계에서 일자리를 얻기 위해 다시 싸워야 했다.

마리 퀴리는?

마리는 운이 좋았다. 그녀는 보잘것 없는 실험 조교 자리를 얻었다. 그리고 1895년엔 자신이 일하던 실험실의 책임자인 피에르 퀴리(Pierre Curie ; 1859~1906)와 결혼했다. 퀴리 부부는 공동 연구를 통해 방사능이라는 위대한 발견을 이루었다.

진상 조사 X-파일 : 방사능

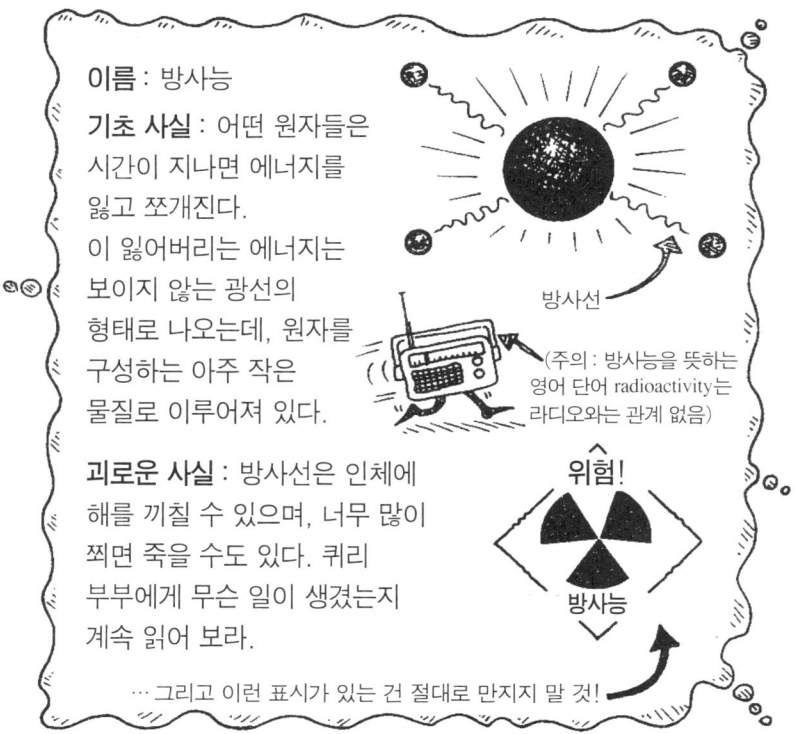

이름 : 방사능

기초 사실 : 어떤 원자들은 시간이 지나면 에너지를 잃고 쪼개진다.
이 잃어버리는 에너지는 보이지 않는 광선의 형태로 나오는데, 원자를 구성하는 아주 작은 물질로 이루어져 있다.

방사선

(주의 : 방사능을 뜻하는 영어 단어 radioactivity는 라디오와는 관계 없음)

괴로운 사실 : 방사선은 인체에 해를 끼칠 수 있으며, 너무 많이 쬐면 죽을 수도 있다. 퀴리 부부에게 무슨 일이 생겼는지 계속 읽어 보라.

위험!
방사능

…그리고 이런 표시가 있는 건 절대로 만지지 말 것!

퀴리 부부는 먼저 우라늄의 방사능 연구부터 시작했고, 이어서 다른 원소인 토륨에도 똑같이 이상한 효과가 나타난다는 걸 발견했다. 그 후, 이들은 괴상한 수수께끼에 관심을 돌렸다….

퀴리 부부의 실험 노트

다음은 마리의 실험 노트를 상상해 본 것이다. 아마 진짜와 비슷할 것이다. 진짜 노트는 방사능 물질에 오염되어서 안전한 곳에 따로 보관되고 있다….

1896년~ 신기한 사실을 발견했다. 우리는 우라늄 광석인 피치블렌드를 연구하고 있는데, 이 광석은 예상한 것보다 훨씬 많은 방사능이 나온다. 따라서, 피치블렌드에는 우라늄보다 더 많은 방사능을 지닌 라듐이라는 물질이 섞여 있는 것 같다.

라듐 만드는 법

1. 피치블렌드를 아주 많이 구한다. 우리는 그걸 살 돈이 없었기 때문에 광산측에 부탁을 해서 우라늄을 뽑아 내고 남은 쓰레기 피치블렌드를 1톤 가득 화차에 실어서 보내 달라고 했다(그래 봤자 겨우 라듐 몇 그램만 얻을 수 있을 뿐이지만).

2. 쓰레기 피치블렌드 1톤을 역에서 실험실까지 운반한다.

3. 피치블렌드를 직접 체리 쳐서 잡석을 제거한다.

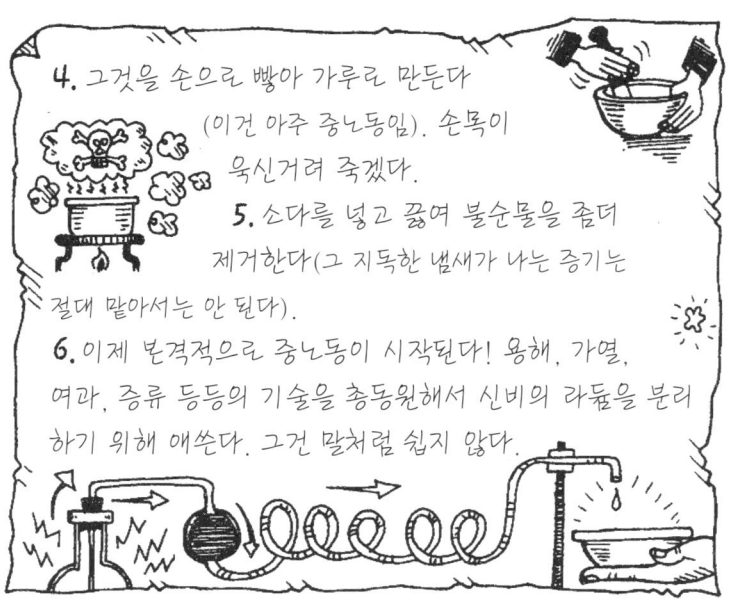

더욱이 그들의 실험실은 초라한 헛간이었다(믿지 못하겠으면 49쪽을 볼 것). 다시 말하지만, 그래도 퀴리 부부는 행복했다. 마리 퀴리는 훗날 이렇게 말했다.

그녀는 말년에 자신은 '피로로 망가졌다'고 말했다. 그것은 과학 수업을 연속으로 2시간 받는 것보다 더 끔찍한 것처럼 들린다!

영광의 빛

1898년 어느 겨울 밤, 피에르와 마리는 그 헛간에 들렀다가 이상한 파란색 빛을 보았다. 그것은 라듐에서 나오는 방사능이 내는 빛이었다. 라듐은 그 때까지 전혀 알려지지 않은 새로운 원소였다. 이 발견으로 퀴리 부부는 단번에 유명해졌다. 1920년대에 많은 회사들은 이상하고 새로운 화학 물질을 이용해 발 빠르게 돈을 벌었다. 다음 중 진짜라고 하기에는 너무 이상한 광고를 고른다면?

답: 4. 나머지 세 가지 제품은 모두 시판되었다. 이건 공개될 당시에도 농담으로 여겨졌는데, 라듐이 얼마나 강력한 발광 물질이며 1920년대 사람들이 얼마나 쉽게 속는지 보여 주는 사례다.

★ **요건 몰랐을걸!**
이상하게 들리겠지만 라듐은 암에 걸린 사람들의 병든 세포를 죽이는 데 사용되기도 한다. 암이란, 인체의 세포가 증식해서 혹을 만드는 병이라는 건 알지? 이 사실은 두 의사의 도움으로 피에르 퀴리가 발견한 것이다.

두 차례의 참혹한 비극

퀴리 부부는 방사능의 위험을 무시했다. 피에르는 라듐이 든 시험관을 주머니에 넣고 다녔는데, 그 방사선이 바지 주머니를 태워 구멍을 내고 다리를 쓰라리게 만든 적도 있었다.

그러다가 1906년에 피에르가 세상을 떴다. 라듐 때문이 아니라 교통 사고로. 피에르는 육중한 마차에 치여 머리가 깨져 죽었다. 마리는 1934년에 백혈병으로 죽었다. 오랫동안 방사능에 과도하게 노출된 것이 그 원인으로 생각되었다.

★ **요건 몰랐을걸!**
마리 퀴리는 노벨상을 한 번도 아니고 두 번씩이나 받았다. 남편 피에르와 1903년에 받은 상은, 다른 과학자들이 추측한 것처럼 방사능이 화학 반응에서 나오는 것이 아니라, 원자에서 나온다는 사실을 증명한 공로로 받았다. 그리고 1911년에는 라듐과 폴로늄(피치블렌드에서 얻은 두 번째 방사능 원소)을 발견한 공로로 다시 노벨상을 받았다.

마리 퀴리가 두 번째로 유명한 20세기의 과학자임은 두말할 필요가 없다. 그런데 왜 두 번째냐고? 사실, 다음 장에 나오는 과학자가 더 유명하거든.

그는 삼척동자도 알 만큼 유명하다···.

> 그가 누군지 알아 내려고 아인슈타인에게 물어 볼 필요까진 없어!

불세출의 스타, 아인슈타인

아인슈타인은 역사상 가장 위대한 과학자 자리를 놓고 뉴턴과 다투는 사람이다. 대체 무얼 했길래 그런 명성을 얻었느냐고? 자, 질문은 그만 하고, 직접 읽어 보라….

명예의 전당 : 알베르트 아인슈타인(Albert Einstein : 1879 ~1955) 국적 : 독일/ 스위스/ 미국

12세 때, 어린 아인슈타인은 이렇게 선언했다.

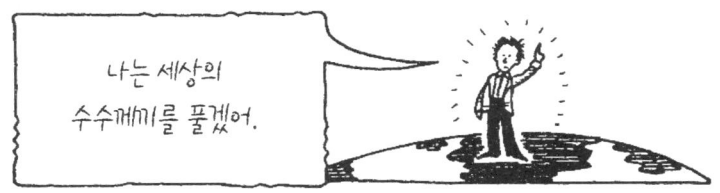

그는 과학자가 되기로 결심했던 것이다. 그러나 여러분도 알다시피, 아인슈타인은 학교나 대학에서 특별히 뛰어나지는 않았다. 그리고 1902년에는 스위스 베른에서 특허국의 말단 사무원(발명품들이 제대로 작동하는지 검사하는 사람)으로 일했다.

그러나 그는 항상 과학의 문제들을 풀려고 노력했고, 드디어 1905년에 깜짝 놀랄 발견으로 과학자들에게 충격을 주었다….

아인슈타인의 대단한 발견

아인슈타인은 세 편의 중요한 과학 논문을 출판했다. 하나하나가 전부 노벨상감이었다. 복잡한 수학 계산을 통해서 그가 보여 준 것은 다음과 같다.

논문 1

꽃가루를 물 속에 집어넣으면 그것이 춤추며 돌아다니는 것처럼 보인다. 물은 수소와 산소 원자가 결합한 분자로 이루어져 있다. 꽃가루의 이러한 운동은 물 분자가 꽃가루에 부딪치기 때문에 생긴다.

따분한 역사학자의 말참견 …

> 물에 관한 사실 기억하시죠(생각이 안 나시는 분은 108쪽을 보세요)? 사실, 과학자들은 분자의 존재를 믿고 있었지만, 그 존재를 제대로 증명하진 못했습니다! 그런데 아인슈타인의 논문은 그 증거를 제시했죠.

논문 2

빛은 광자라고 하는 아주 작은 에너지 알갱이로 이루어져 있다. 이것은 금속에 부딪치는 빛의 효과를 수학적으로 연구하면 증명할 수 있다.

따분한 역사학자의 말참견 …

> 아인슈타인은 이번에도 옳았어요! 과학자들은 이 논문이 발표되기 전까지 맥스웰의 주장처럼 빛은 파동으로 이루어져 있다고 생각했어요(192쪽을 보세요). 아인슈타인은 빛이 파동처럼 움직이지만, 실은 작은 에너지 알갱이로 이루어져 있다는 걸 보여 주었죠.

논문 3

만약 여러분이 어느 별을 향해 최고 속도로 다가가는 우주선 안에 있다면, 그 별에서 나온 빛은 여러분이 정지해 있을 때보다 더 빠른 속도로 날아올 것이라고 생각할 것이다. 그러나 그건 틀렸다. 여러분이 어떻게 움직이든, 빛은 정확히 똑같은 속도로 움직인다. 나는 이것을 '특수 상대성 이론'이라 부르기로 했다.

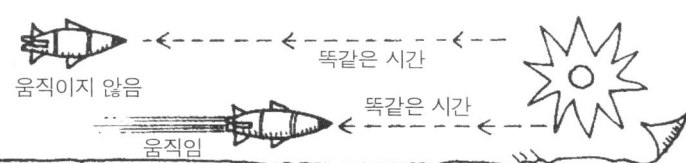

이 말은 아주 이상하게 들린다. 아인슈타인의 말뜻은 어떤 것도 빛보다 빠를 수 없다는 것이다. 그리고 여러분이 어느 방향으로 얼마나 빨리 달리든 상관 없이 빛은 항상 똑같은 속도로 여러분한테 날아온다는 이야기이다. 그런데 그의 이론에서 나온 더욱 기묘한 결론이 몇 가지 있다. 이것은 지구상에는 별 영향을 미치지 않지만, 우주 공간에서라면….

깜짝 퀴즈

아인슈타인의 이론은 빛의 속도에 가까워질수록 아주 이상한 일이 생긴다는 것을 예고한다. 여기 그 예가 있는데, 재미를 위해 실제 일어나지 않는 효과를 슬쩍 끼워 넣었다. 그게 뭘까?

답 : **효과 1**—참. 아인슈타인은 움직이는 물체의 에너지가 클수록 더욱 무거워진다는 걸 증명했다. 빠른 속도로 움직이는 이 우주선과 승무원들은 분명 많은 에너지를 가지고 있으므로 그 질량도 증가한다. 빛의 속도의 절반으로 달릴 때, 몸무게가 75 kg이던 과학자는 12 kg이나 더 나간다! 그럼 다이어트 중인 사람들한테 우주 여행은 안 좋겠네!
효과 2—참. 빛의 속도의 절반으로 달리는 우주선의 모습은 13%나 더 짧게 보인다.
효과 3—거짓.
효과 4—참. 여러분이 빨리 움직일수록 시간은 정지해 있는 우주선에서보다 느리게 흐른다. 여러분이 우주선을 타고 쾌속 여행을 끝내고 돌아왔을 때, 지구에는 더 많은 시간이 흘렀을 것이다. 그러니 착륙한 뒤엔 미래로의 여행이 시작되는 셈이다!

증명하라!

이런 효과들은 아인슈타인의 이론을 바탕으로 수학을 이용해 계산할 수 있다(어떻게 하는지는 묻지 말도록. 끔찍하게 복잡하니까). 이제 여러분은 아인슈타인이 옳은지 실제로 알아보려면 불가능한 속도로 달려 봐야겠구나 하고 생각할지 모르겠다. 그러나 사실은 시간 여행 효과에 대한 증거는 벌써 나왔다. 너무 흥분할 건 없다. 과학자들은 지구 주위를 고속으로 도는 우주선 안의 시계가 지상의 시계에 비해 아주 약간이지만 느려진다는 사실을 발견했다. 그 시간차는 몇만분의 1초에 불과하지만, 아인슈타인이 옳다는 걸 증명하기엔 충분하다!

1916년, 아인슈타인은 여세를 몰아 일반 상대성 이론을 내놓았다.

쉬는 시간에 선생님 곯려 주기

이 장난은 선생님에게는 잔인하다는 것을 감안하면 사실 금지해야 마땅하다. 그러나 꼭 하고 싶다면, 시간이 오래 걸린다는 점을 염두에 두고, 쉬는 시간이 시작될 때 해 보도록.

교무실이나 휴게실 문을 가볍게 두드린다. 문이 열리면 순진한 미소를 지으며 묻는다….

답 : 사실, 이건 어려운 질문이다. 상대성 이론 전반을 설명하려고 애쓰시겠지만, 대부분은 잠이 쏟아지거나 정신이 혼미해질 것이다. 만약 흥미진진하게 듣는 분이 있다면, 20분쯤 후 상대성 이론 강의를 듣고 그 다음 시간부터 수학 문제를 풀어야 할 것….

진상 조사 X-파일: 일반 상대성 이론

이름 : 일반 상대성 이론

기초 사실 : 아인슈타인은 중력에 관해 생각하다가 중력이 다음과 같이 작용한다는 결론을 내렸다. 행성이나 별처럼 엄청나게 큰 물체는 그 주변 공간을 휘게 만들 것이다. 이걸 상상하려면, 여러분 침대에 대포알을 떨어뜨리면 어떻게 될지 생각하면 된다. 고양이 조심해!

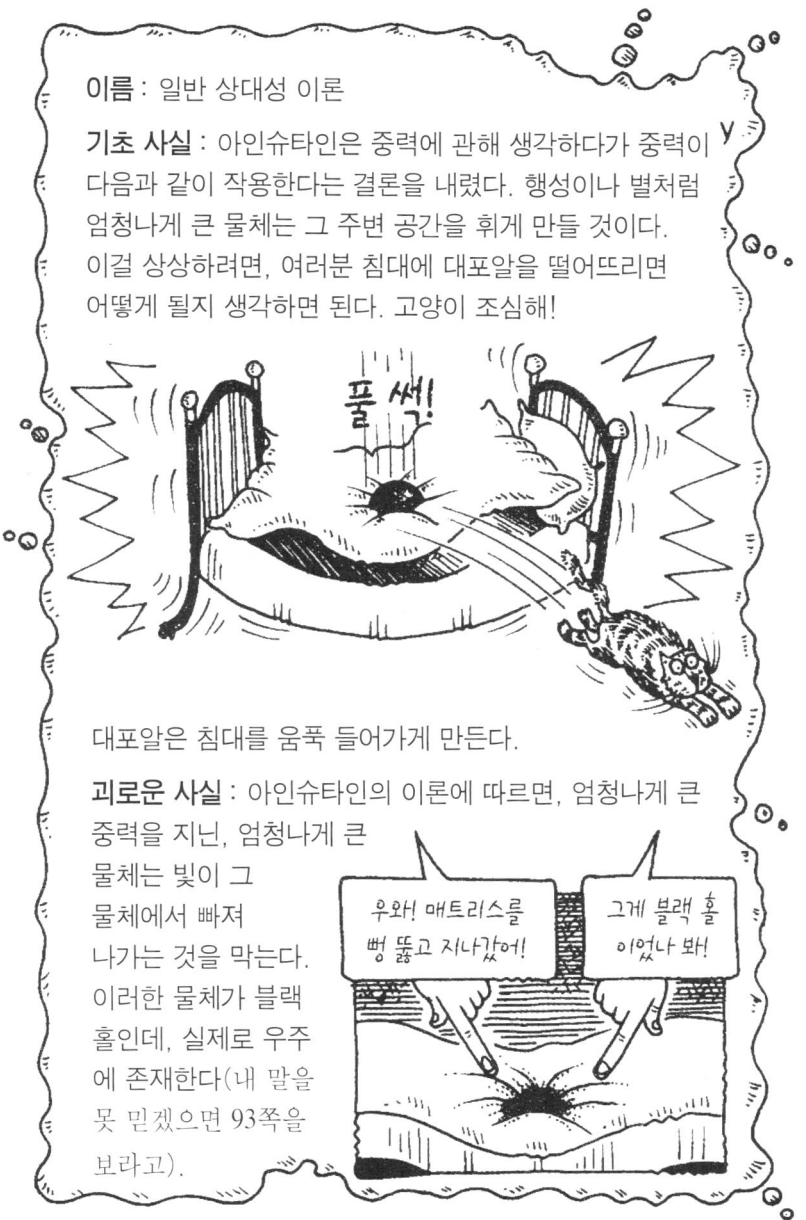

대포알은 침대를 움푹 들어가게 만든다.

괴로운 사실 : 아인슈타인의 이론에 따르면, 엄청나게 큰 중력을 지닌, 엄청나게 큰 물체는 빛이 그 물체에서 빠져 나가는 것을 막는다. 이러한 물체가 블랙홀인데, 실제로 우주에 존재한다(내 말을 못 믿겠으면 93쪽을 보라고).

★ 요건 몰랐을걸!

아인슈타인은 상상하기 힘들 만큼 똑똑한 사람이었지만, 가장 간단한 일을 하는 데에는 영 재주가 없었다. 그는 양말을 신으려고 하지 않았으며, 집에서는 맨발로 돌아다녔다. 이 과학자의 말에 따르면, 양말을 신는 건 아무 쓸데없는 일이라고 한다. 결국은 구멍이 나고 마니까. 일부 역사가들의 말로는 그것은 아인슈타인이 계속 발톱을 자르지 않았기 때문이라고 한다.

여러분도 얼빠진 괴짜 과학자가 될 수 있을까?

만약 과학자가 되기로 결심했다면, 여러분은 얼마나 얼빠진 과학자가 될 수 있을까? 다음 질문에 간단히 예, 아니오로 대답하라.

아래와 같은 경험이 있는가?

1. 과학에 관해 생각하면서 앞을 보지 않고 가다가 구덩이에 빠진 적이 있다.

※ 우리의 옛 친구 탈레스가 그랬다는 이야기가 전한다. 그는 천문학에 관해 너무 골똘히 생각하다가 우물에 빠졌다. 우물우물, 뭐라고 투덜댔을까? 다행히 체면 빼고는 다친 데가 없었다.

2. 과학 숙제를 하느라 너무 바쁜 나머지 저녁 식사를 거른 적이 있다.

※ 많은 과학자들이 그랬다. 뉴턴과 아르키메데스도.

3. 깜빡 잊고서 오랫동안 목욕을 안 한 적이 있다.

※ 아르키메데스가 또 그랬다는군. 푸우!

4. 부모님의 등쌀에 어쩔 수 없이 목욕하게 됐을 때, 비누와 장난감 오리로 과학 실험을 하다가 오랜 시간을 보낸 적이 있다.
※ 아르키메데스의 몸에서 풍기는 냄새를 참을 수 없게 된 사람들은 그를 목욕탕에 데려가 노예한테 몸을 씻기게 했다. 그러나 그는 내내 목욕용 기름으로 과학 도형을 그리고 있었다.

5. 과학 숙제를 하면서 몇 시간씩 친구를 기다리게 한 적이 있다.
※ 뉴턴이 대학 시절에 그랬다. 친구가 옆방에서 기다리고 있다는 사실을 그냥 잊어버린 것이다. 얼마 안 가 그에겐 친구가 한 명도 없게 되었다.

6. 할머니가 생일 선물로 주신 수표를 책갈피삼아 끼워 두었다가 깜빡 잊고 은행에 가서 바꾸지 못한 적이 있다.
※ 아인슈타인이 1920년대 초의 어느 날에 그랬다는데, 그 수표는 상당한 액수였다고 한다.

7. 가파른 산에 오르기 위해 산 밑에 자전거를 세워 두고는 그 사실을 잊어버렸다. 그래서 과학에 관해 생각하다가 집까지 걸어온 적이 있다.

※ 젊은 시절에 뉴턴이 시장에 갔을 때, 그런 일이 있었다. 자전거가 아니라 말이었지만.

8. 여러분 집이 어딘지 잊어버렸다.

※ 아인슈타인이 1930년대에 미국에서 살 때 그랬다. 그는 자기가 일하는 대학교의 비서한테 전화를 걸어 길을 물어야 했다.

자, 여러분의 점수는? '예'라는 대답에 1점씩 매기도록.

점수 평가:

0~3점 : 여러분은 지극히 정상이다.
4~6점 : 약간은 얼이 빠졌지만, 전혀 걱정할 필요가 없다.
6~9점 : 여러분은 단연코 얼빠진 과학자이다. 좋다, 굳세게 밀고 나가도록. 언젠가 노벨상을 탈 수 있을지도 모르니까.

아인슈타인의 실수

아인슈타인은 너무 똑똑해서 틀린 것이 하나도 없었다고 생각하는 사람들도 있다. 글쎄, 우리 같은 보통 사람들은 그 대단한 아인슈타인도 실수를 저질렀다는 이야기를 들으면, 큰 위안을 받지 않을까? 예를 들면, 그는 우주가 점점 커지고 있다는 사실을 몰랐다는 것을 자기 생애 최대의 실수라고 인정했다.

따분한 과학자의 말참견 …

우주가 빅 뱅의 결과로 점점 팽창하고 있다는 사실을 허블이 발견했다는 것 기억하죠? 아인슈타인이 일반 상대성 이론을 계산한 결과는 이걸 증명해 주었지만, 그는 믿지 않았어요. 1930년에 허블을 만난 후에야 자기가 틀렸다고 인정했죠. 그런데 아인슈타인은 더 큰 실수도 저질렀어요.

아인슈타인의 말년의 생애

우주에는 네 가지 힘이 있다. 중력, 전자기력, 그리고 원자 안에서 작용하는 두 가지 힘. 아인슈타인은 중력과 전자기력을 모두 설명할 하나의 이론을 만들 수 있다고 생각했다.

그러나 그는 실패했다.

그는 마지막 30년을 결국엔 헛된 노력으로 끝난 복잡한 계산을 하면서 보냈다. 그것은 여러분이 끝없는 수학 수업에 붙들려 풀 수 없는 문제와 씨름하는 것과 같다(아니, 여러분은 수학 시간이면 늘 그런 것 같다고?). 숨을 거둘 때, 그의 침대 곁에는 다 풀지 못한 계산 문제들이 남아 있었다.

★ 요건 몰랐을걸!

1933년, 독일에서는 새로운 정당이 정권을 잡았다. 그들이 바로 나치였다. 나치는 유대인을 싫어했는데, 공교롭게도 아인슈타인의 집안이 유대인이었다. 아인슈타인은 어쩔 수 없이 미국으로 망명했다. 그 시절에 그런 사람은 수없이 많았다. 1930년대에 유대인을 포함해 많은 독일 과학자들이 나치 독일에서 달아났다. 그 후, 상황은 더욱 악화되었다. 무슨 사건이 벌어졌는지는 다음 장을 읽어 보라.

덴마크의 천재 물리학자, 보어

1940년과 1941년에 독일이 유럽의 대부분을 점령하자, 많은 과학자들은 위험에 처하게 되었다. 덴마크의 천재 물리학자인 닐스 보어도 그러한 사람들 중 하나였다.

명예의 전당 : 닐스 보어(Niels Bohr ; 1885~1962)

국적 : 덴마크

어릴 적에 보어는 약간 말이 느렸지만, 체격이 우람한 소년이었다. 학교 친구들은 그를 약간 우둔한 친구로 보았는데, 항상 싸움에 말려들었기 때문이다(싸움은 별로 똑똑한 짓이 아니지?). 그러나 보어는 똑똑했고, 과학을 특히 잘 했다. 다만, 이 덩치 크고 굼뜬 소년은 실험실에서 늘 시험관을 깨고 화학 약품을 폭발시키곤 했다. 그의 선생님은 이렇게 말했다.

보어는 대학에 가서 물리학을 공부했고, 곧 학교에서 천재라고 소문이 났다. 어찌나 똑똑했던지 교과서에서 틀린 부분을 바로잡기도 했으며, 과학에 몰두한 나머지 축구 시합에 골키퍼로 뛸 때에도 골대에다 과학 계산을 했다고 한다. 그러다가 아슬아슬하게 공을 막아 내곤 했다.

이렇게 총명한 과학자가 20세기 초에 이루어진 최대의 발견에 관심을 가진 것은 당연했다. 그것은 바로 양자 역학이었다.

진상 조사 X-파일 : 양자 역학

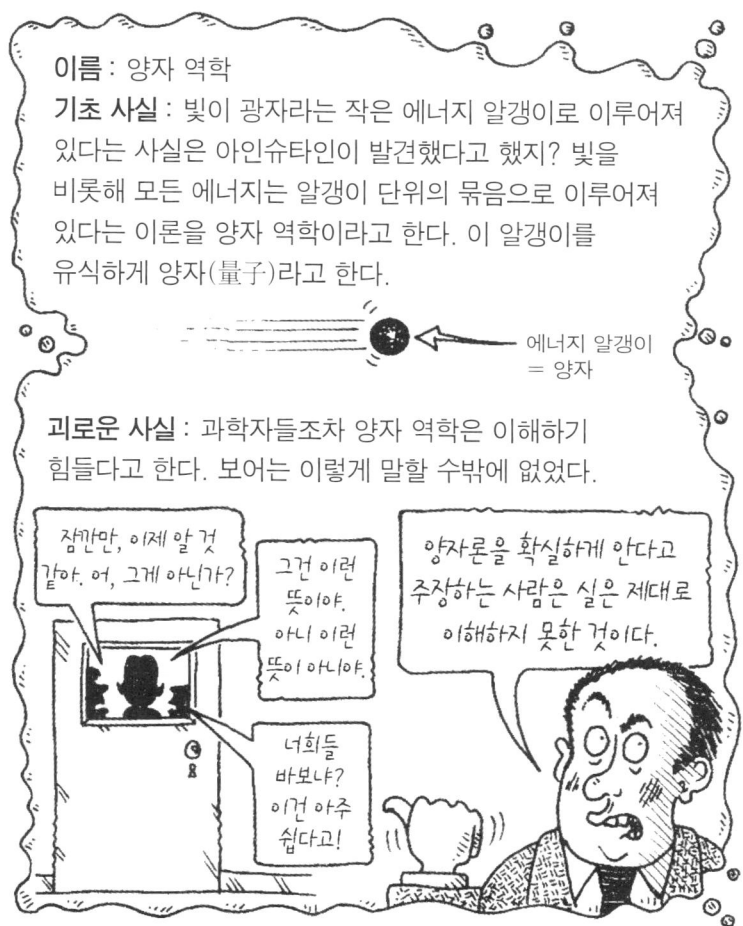

보어의 대발견

1913년, 보어는 어니스트 러더퍼드(Ernest Rutherford ; 1871~1937)의 지도를 받으며 영국에서 연구하고 있었다. 러더퍼드는 실험을 통해 원자는 딱딱한 중심 부분이 있고, 그 주위를 전자들이 돌고 있다는 원자 모형을 발전시킨 사람이다. 보어는 원자 속에서 전자가 어떻게 배열되어 있는지 설명했고, 각각의 전자가 정해진 양의 에너지를 갖고 있다는 사실도 밝혔다.

보어는 평생을 양자 역학 연구에 몰두했다. 그는 코펜하겐에 연구소를 세우고, 전 유럽의 과학자들이 원자 구조에 관해 논의할 수 있는 자리를 마련했다. 한번은 논쟁이 얼마나 격렬했던지 독일의 과학자 베르너 하이젠베르크(Werner Heisenberg ; 1901~1976)는 울음을 터뜨리기까지 했다. 보어는 화가 나면 연구실에서 뛰쳐나가서 정원의 잡초를 뽑아 시냇물에 던지곤 했다.

원자 폭탄 개발의 길을 열다

1930년대 말에 보어는 원자를 두 부분으로 쪼개면 방사능 형태의 에너지가 방출된다는 것을 수학으로 증명했다. 1939년, 독일의 과학자 오토 한(Otto Hahn ; 1879~1968)이 실제로 우라늄 원자를 쪼개는 데 성공했다는 소문이 나돌기 시작했다. 보어는 수십억 개의 원자를 한꺼번에 분열시키면 엄청난 에너지가 방출된다는 사실을 알고 있었다. 그렇다면 도시 몇 개를 파괴할 위력을 지닌 무시무시한 폭탄을 만들 수도 있다. 만약 이런 무기가 나치의 손에 들어간다면?

보어는 미국에 들렀다가 아인슈타인에게 무슨 일이 벌어지고 있는지 경고했다. 아인슈타인은 원자 폭탄의 개발을 촉구하는 편지에 서명하여 루스벨트 대통령에게 전달했고, 얼마 후 미국 정부는 원자 폭탄을 만들기로 결정했다. 그런데 보어는 큰 실수를 했다. 덴마크로 돌아간 것이다. 몇 달 안에 덴마크는 독일군의 손에 들어갔고, 보어는 위험에 처하게 되었다.

살려면 도망쳐라!

만약 보어가 그 암흑의 나날 동안 친구 아인슈타인에게 편지를 썼더라면 아마 이런 내용이 아니었을까….

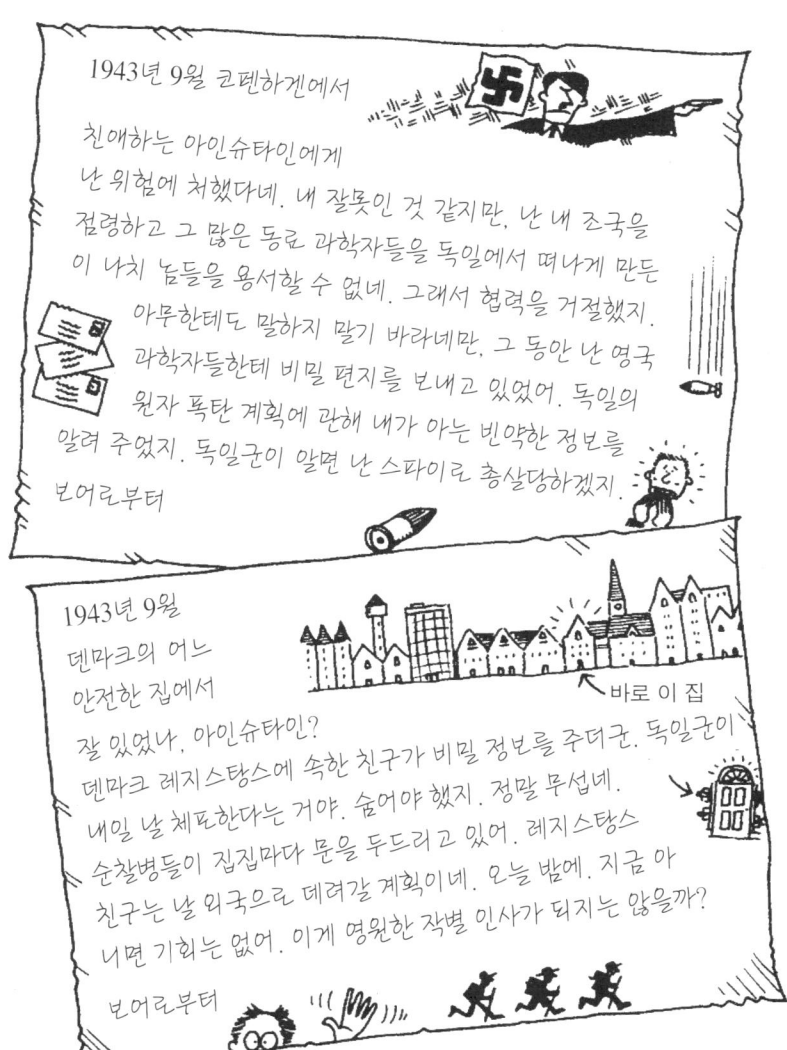

1943년 9월 코펜하겐에서

친애하는 아인슈타인에게
난 위험에 처했다네. 내 잘못인 것 같지만, 난 내 조국을 점령하고 그 많은 동료 과학자들을 독일에서 떠나게 만든 이 나치 놈들을 용서할 수 없네. 그래서 협력을 거절했지. 아무한테도 말하지 말기 바라네만, 그 동안 난 영국 과학자들한테 비밀 편지를 보내고 있었어. 독일의 원자 폭탄 계획에 관해 내가 아는 빈약한 정보를 알려 주었지. 독일군이 알면 난 스파이로 총살당하겠지.
보어로부터

1943년 9월
덴마크의 어느
안전한 집에서
바로 이 집
잘 있었나, 아인슈타인?
덴마크 레지스탕스에 속한 친구가 비밀 정보를 주더군. 독일군이 내일 날 체포한다는 거야. 숨어야 했지. 정말 무섭네.
순찰병들이 집집마다 문을 두드리고 있어. 레지스탕스 친구는 날 외국으로 데려갈 계획이네. 오늘 밤에. 지금 아니면 기회는 없어. 이게 영원한 작별 인사가 되지는 않을까?
보어로부터

1943년 9월
덴마크와 스웨덴 사이 어디쯤
고기잡이 배 위에서

아인슈타인 보게나.
오늘 밤 나는 차 뒤에 숨어서 해안으로 왔네. 그리고는 해안으로 뻗은 뻘밭을 엎드려 기었지. 어둠 속에서 날 겨냥하는 서치라이트나 경고의 외침 소리, 총성을 기대했지만, 아무 일도 없었네! 그 후, 난 얼음처럼 차가운 파도를 헤치며 이 고기잡이 배에 접근해야 했어. 여기는 바다 한가운데야. 몸이 젖어 춥고 피곤하네. 언제라도 독일 경비정이 어둠을 뚫고 다가올 것 같아. 놈들은 날 찾고 있을 거야. 자네가 여기 없다는 걸 다행으로 아네.

보어로부터

1943년 9월 스웨덴의 안전한 집에서 ← 독일 스파이
아인슈타인에게
아직도 위험하네. 독일 스파이들은 내가 이 나라에 있는 걸 알고 있어. 이 곳의 영국 친구들이 그러는데, 독일은 날 보는 즉시 사살하라는 명령을 내렸다는군. 영국 정부가 날 데려갈 계획을 세웠다고 하네. 너무 늦지는 않을까?
조만간 다시 소식 전하겠네….
살아 있다면 말일세.
　　　보어로부터

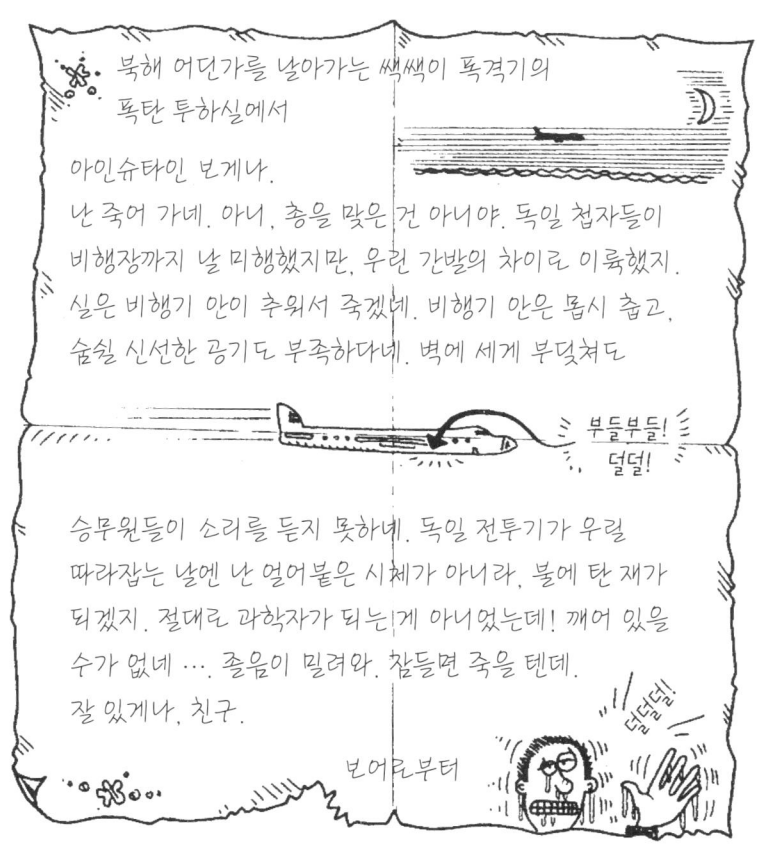

북해 어딘가를 날아가는 쌕쌕이 폭격기의
폭탄 투하실에서

아인슈타인 보게나.
난 죽어 가네. 아니, 총을 맞은 건 아니야. 독일 첩자들이
비행장까지 날 미행했지만, 우린 간발의 차이로 이륙했지.
실은 비행기 안이 추워서 죽겠네. 비행기 안은 몹시 춥고,
숨쉴 신선한 공기도 부족하다네. 벽에 세게 부딪쳐도

승무원들이 소리를 듣지 못하네. 독일 전투기가 우릴
따라잡는 날엔 난 얼어붙은 시체가 아니라, 불에 탄 재가
되겠지. 절대로 과학자가 되는 게 아니었는데! 깨어 있을
수가 없네…. 졸음이 밀려와. 잠들면 죽을 텐데.
잘 있게나, 친구.

보어로부터

행복한 결말

 닐스 보어는 그 비행에서 가까스로 살아남았다. 비행기가 영국에 착륙했을 때, 그는 추위와 산소 부족으로 의식을 잃은 뒤였다. 영국에서 미국으로 건너간 보어는 원자 폭탄을 만들기로 한 미국의 계획을 알게 되었다. 보어는 이 계획에 충격을 받았으며, 1945년 8월에 일본과의 전쟁을 끝내기 위해 미국이 원자 폭탄을 투하했을 때에는 경악을 금치 못했다. 그는 원자력을 평화적으로 사용하고 과학 정보를 함께 나누자는 운동을 펼치면서 여생을 보냈다.

현대의 무서운 물리학자

여러분이 문제를 깊이 파고드는 걸 좋아한다면 틀림없이 나중에 커서 물리학자가 되고 싶을 것이다. 아인슈타인과 보어 이후 물리학자들은 원자와 우주에 관해 굉장히 많은 것들을 발견했다.

1940년대 초, 영국과 미국의 과학자들은 입자 가속기라는 기계를 사용해 원자를 쪼개기 시작했다. 이 기계는 엄청난 자기력을 이용해 원자나 원자보다 작은 입자들을 놀라운 속도로 움직이게 해서 원자에 충돌시킨다. 이 충돌에서 엄청나게 많은 새로운 종류들의 입자들이 생겨났다.

이 수많은 입자들을 1964년에 미국 과학자 머리 겔만(Murray Gell-Mann)이 분류, 정리하였다. 겔만은 원자핵은 훨씬 더 작은 쿼크(quark)라는 입자로 이루어져 있다는 사실을 계산으로 알아 냈다. 또, 쿼크는 더 작은 입자인 글루온(gluon)에 의해 결합되어 있다. 정말 신비롭게 들리지?

직접 해 보는 실험 : 글루온은 어떻게 작용할까?

준비물 : 축구공 한 개와 친구 한 명

실험 방법 :

1. 친구와 함께 축구공을 가볍게 던지며 주거니받거니 한다. 공을 잡는 즉시, 친구한테 던진다.

2. 무슨 일이 있어도 공을 떨어뜨리면 안 된다. 만약 공을 떨어뜨렸을 경우, 두 사람은 한 발자국씩 다가간다.

어떤 사실을 알 수 있는가?

a) 공에 의해 두 사람이 붙어 있는 것 같은 느낌이 든다.

b) 계속 공을 떨어뜨렸기 때문에 결국엔 서로 코가 닿게 되었다.

c) 아무도 공을 떨어뜨리지 않았는데도, 우리는 이상한 힘에 의해 서로 이끌리는 느낌이다.

답: a) 이 쪽지장은 표면보다는 옆으로 향을 것이다. 야리별을 쪽지로 붙여 상자를 만들지라. b) 이 세상을 때로 움직이는 동물은 움직이지 아닐지다.

★ 요건 몰랐을걸!

겔만은 워낙 머리가 좋아서 똑똑한 어린이만 모아 놓은 영재 학교에 들어갔을 때에도 수업에 흥미를 느끼지 못했다. 그의 눈에는 수업이 시시했고, 물리학도 재미없었다. 그는 15세때 대학에 들어갔는데, 그제서야 물리학에 관심을 보였다.

중대한 문제들

한편, 다른 과학자들은 우주의 모든 힘을 설명하는 하나의 이론이 없을까 하는 문제로 고민하고 있었다. 아인슈타인이 중력과 전자기력을 함께 설명하려고 애썼다고 했지? 이제 과학자들은 생각해야 할 힘이 두 가지 더 있다는 사실을 알고 있다. 그것들은 모두 원자 속에서 작용하는 힘이다.

진상 조사 X-파일: 원자 속의 힘

이름 : 원자 속의 힘

기초 사실 : 이 두 가지 힘은 …

1. 약한 상호 작용(약력)

이탈리아의 엔리코 페르미(Enrico Fermi ; 1901~1954)가 1934년에 수학적으로 밝혔다. 이 힘은 원자들이 방사능 입자를 방출하게 만든다.

2. 강한 상호 작용(강력)

이 힘은 원자핵의 구성 입자들을 한데 묶고 있다. 1935년, 일본의 과학자 유카와 히데키(湯川秀樹; 1907~1981)가 수학 계산을 통해 처음으로 밝혀 냈다.

약한 상호 작용 : 원자에서 방사능 입자를 방출시키는 힘

강한 상호 작용 : 원자 내 입자들을 서로 묶어 두고 있는 힘

괴로운 사실 : 이 두 가지 힘은 실험을 통해 증명되었다. 강한 상호 작용은 약한 상호 작용보다 1억 배나 강하다.

그러나 물리학자들은 만족하지 못한다. 이들의 궁극적인 목표는 TOE나 GUT보다 더 중요한 것이다. 무슨 소리냐고?

괴로운 표현

무슨 소릴 하는 거지? 정신 병원에 연락을 해야 할까?

> **답**: 천만에. TOE는 모든 것의 이론(Theory Of Everything), GUT는 대통일 이론(Grand Unified Theory)을 말하며, 둘 다 똑같은 것을 가리키는 이름이다. 즉, 전자기력과 원자 속의 두 가지 힘을 하나의 수학 이론으로 설명하려는 이론이다. 어렵겠다고? 그렇다! 그러나 물리학자들은 모든 것의 이론과 대통일 이론에 중력까지 함께 통합시킬 때까지는 결코 만족하지 않을 것이다.

아인슈타인은 이 이론을 찾아 오랜 세월을 보냈고, 지금도 스티븐 호킹을 비롯한 많은 물리학자들이 그걸 찾고 있다. 그게 어떤 것일지는 아무도 정확히 모른다. 그러나 1984년, 영국의 물리학자 마이클 그린(Michael Green)과 미국의 존 슈워즈(John Schwarz)는 입자를 점이 아닌 초끈(끈처럼 생긴 작은 고리)으로 생각함으로써 모든 힘을 통합하는 수식을 내놓았다.

도대체 알 수 없는 이상야릇한 이야기 같지? 그러나 여러분은 그 이상한 점이 마음에 들지도 모른다. 그래서 물리학자가 되기로 결심할지도 모르지! 어쨌든 상상해 보라. 여러분이 마침내 모든 것의 이론을 찾는 사람이 된다면? 노벨상은 따 놓은 당상이고, 여러분은 가장 위대한 과학자로 기억될 것이다.

잠깐만! 그게 그렇게 쉽지만은 않다. 여러분보다 앞서 갔던 그 많은 과학자들은 어떡하고? 그리고 그들 중 얼마나 많은 사람들이 고난과 역경을 겪었는지 돌이켜보라. 자, 과학자가 되느냐 마느냐 그것이 문제로다. 그러니까, 과학자가 되는 것이 과연 그 모든 고생을 감수할 가치가 있을까?

맺는 말

자, 초보 과학자 여러분. 과학을 위해 기꺼이 고생할 준비가 된 사람들이 있다는 사실에 기뻐하시라. 만약 그런 사람이 없다면, 여러분은 어떻게 될까? 다음을 읽고 생각해 보도록….

또 다른 세계

여러분은 학교 교문을 나서고 있다. 오늘도 힘든 하루였고, 여러분은 진이 다 빠졌다. 얼마나 피곤한지 여러분은 또 다른 우주로 들어가고 있다는 사실도 눈치채지 못한다.

거리 풍경이 사뭇 이상해졌다. 자동차는 간 데 없고, 말이 끄는 수레들만 보인다. 여러분은 한참 동안 버스를 기다린 끝에 집까지 10 km를 걸어간다.

여러분의 집은 어둠에 묻힌 채 기름 등잔만 희미하게 켜져 있다. 텔레비전이 어디 갔냐고 묻자, 아버지는 황당한 표정을 지으신다. 텔레비전과 비디오는 물론이고, 냉장고, 전자 레인지, CD 플레이어도 온데간데없다.

잠시 후, 어머니가 들어오시며 오늘 연금술 수업은 어땠는지, 쓸모있는 주문은 배웠는지 물으신다. 이번에는 여러분이 황당한 표정을 지을 차례이다.

배가 고파 오자, 여러분은 어머니한테 먹을 걸 달라고 한다.
"그래." 어머니가 말씀하신다. "네가 좋아하는 걸 준비했지.

맛있는 옥수수죽이 있단다."

여러분은 젤리를 달라고 할까 하다가 그만두는 게 낫겠다고 생각한다. 부모님이 정신이 이상해진 게 분명하니까. 옥수수죽은 보기만큼이나 맛이 없다. 이제 잠자러 간다. 물로 이를 닦고, 얼굴에 살짝 물을 뿌린다. 화장실에 치약과 비누가 없기 때문이다. 화장지, 샴푸, 장난감 오리도 어디 갔는지 보이지 않는다. 방에는 차가운 침대와 따갑고 거친 시트가 기다리고 있다. 그리고 무선 조종 비행기와 건전지로 작동하는 우주 왕복선 모형 대신에 나무 인형과 굴렁쇠가 놓여 있다.

아침이다. 여러분은 눈을 뜨고 방을 둘러본다. 거칠고 조잡하게 조각된 나무 가구만 있을 뿐, 휑뎅그렁하다. 결국 악몽이 아니었던 것이다. 이건 진짜 현실이다. 여러분은 현실임을 확인하면서 다시 아침 식사로 죽을 떠 넣는다. 그리고 다시 학교까지 걸어간다. 생각에 잠긴 채. 여기는 어디일까? 그리고 무슨 일이 생긴 걸까? 아, 이런! 오늘도 과학 수업이 있네.

과학?

그래, 이 모든 것은 과학과 관계가 있다. 여러분은 어머니가 그걸 '연금술'이라고 불렀던 걸 깨닫는다. 그거다, 여러분은 과학이 존재하지 않았던 평행 우주로 우연히 들어간 것이다. 기술이 없는 세계, 전기도, 젤리도, 치약도, 텔레비전도, 자동차도, 푹신한 침대도 존재하지 않던 세계로. 그런 것들이 없는 이유는 그런 기술을 가능하게 했던 발견을 하는 과학자들 역시 존재하지 않기 때문이다. 패러데이가 없으므로 전기도 없다. 플라스틱도, 전파도, 그 어떤 것도!

여러분은 교문을 지나면서 제발 학교만은 다시 정상대로 돌아왔으면 하고 기도한다. 과학 수업에 들어가고 싶은 마음이 그렇게 간절하리라곤 상상도 하지 못하던 일이다. 여러분은 너무 열심히 생각하느라 어른거리는 입구를 통해 다시 옛 우주로 들어가고 있다는 것도 알아채지 못한다. 결국 뒤를 돌아보고서야 자동차와 버스, 낯익은 거리 풍경을 발견하게 된다. 여러분은 구원받은 것이다. 과학에 의해서!

과학이 이룬 발견이 없었다면, 생활은 정말 비참할 것이다. 그러나 과학자들은 단지 우리 같은 사람들의 생활을 보다 편리하게 하려고 과학에 빠져드는 건 아니다. 사람들이 과학자가 되는 데에는 한 가지 중요한 이유가 있다. 그것은 이 책에 나온 모든 과학자들이 똑같이 느끼는 감정이다. 과학은 흥미진진하다고 생각하기 때문이다. 심지어 끔찍할 때조차도 과학은 끔찍하리만치 흥미롭고 놀랍고 짜릿하다. 비록 과학 수업은 따분할 수 있지만, 진짜 과학은 절대 따분하지 않다.

미셸 슈브뢸(Michel Chevreul ; 1786~1889)이라는 프랑스 과학자가 있었다. 그는 동물의 지방을 연구했는데, 1823년에 이것이 여러 가지 화학 물질들로 분리될 수 있음을 알았다. 그는 103세에 세상을 뜰 때까지 은퇴하지 않았으며, 과학을 따분하

게 느낀 적도 없었다. 심지어 90세부터는 노화의 효과에 대해 연구하기 시작했다.

자, 이제 여러분 생각은 어떤가? 정말로 과학자가 되고 싶은가? 어떤 결정을 내리든, 한 가지만은 기억하기 바란다. 과학이 끔찍할 수는 있지만, 과학자가 되는 건 모든 고생을 감수할 가치가 있다는 걸!

이것이야말로 가장 끔찍한 진실이다!

앗, 시리즈 (전 70권)

수많은 교사와 학생들이 한눈에 반한 책.
전 세계 2천만 독자의 인기를 독차지한 〈앗, 시리즈〉는 수학에서부터 과학, 사회, 역사까지, 공부와 재미를 둘 다 잡은 똑똑한 학습교양서입니다.

수학

01 수학이 모두 모여 수군수군
02 수학이 수리수리 마술이
03 수학이 수군수군
04 수학이 또 수군수군
05 수학이 자꾸 수군수군 1. 셈
06 수학이 자꾸 수군수군 2. 분수
07 수학이 자꾸 수군수군 3. 확률
08 수학이 자꾸 수군수군 4. 측정
09 대수와 방정맞은 방정식
10 도형이 도리도리
11 섬뜩섬뜩 삼각법
12 이상야릇 수의 세계
13 수학 공식이 꼬물꼬물
14 수학이 꿈틀꿈틀

과학

15 물리가 물렁물렁
16 화학이 화끈화끈
17 우주가 우왕좌왕
18 구석구석 인체 탐험
19 식물이 시끌시끌
20 벌레가 벌렁벌렁
21 동물이 뒹굴뒹굴
22 화산이 왈칵왈칵
23 소리가 속닥속닥
24 진화가 진짜진짜
25 꼬르륵 뱃속여행
26 두뇌가 뒤죽박죽
27 번들번들 빛나리
28 전기가 찌릿찌릿
29 과학자는 괴로워?
30 공룡이 용용 죽겠지
31 질병이 지끈지끈
32 지진이 우르콰쾅
33 오싹오싹 무서운 독
34 에너지가 불끈불끈
35 태양계가 티격태격
36 튼튼탄탄 내 몸 관리
37 똑딱똑딱 시간 여행
38 미생물이 미끌미끌
39 의학이 으악으악
40 노발대발 야생동물
41 뜨끈뜨끈 지구 온난화
42 생각번뜩 아인슈타인
43 과학 천재 아이작 뉴턴
44 소름 돋는 과학 퀴즈

사회 · 역사

45 바다가 바글바글
46 강물이 꾸물꾸물
47 폭풍이 푸하푸하
48 사막이 바싹바싹
49 높은 산이 아찔아찔
50 호수가 넘실넘실
51 오들오들 남극북극
52 우글우글 열대우림
53 올록볼록 올림픽
54 와글와글 월드컵
55 파고 파헤치는 고고학
56 이왕이면 이집트
57 그럴싸한 그리스
58 모든 길은 로마로
59 아슬아슬 아스텍
60 잉카가 이크이크
61 들썩들썩 석기 시대
62 어두컴컴 중세 시대
63 쿵쿵쾅쾅 제1차 세계 대전
64 쾅쾅탕탕 제2차 세계 대전
65 야심만만 알렉산더
66 위풍당당 엘리자베스 1세
67 위엄가득 빅토리아 여왕
68 비밀의 왕 투탕카멘
69 최강 여왕 클레오파트라
70 만능 천재 레오나르도 다 빈치